LE NOUVEL ENTRAÎNEZ-VOUS

DELF B2

200 activités

Anatole BLOOMFIELD

Emmanuelle DAILL

Alliance française

www.cle-inter.com

Direction éditoriale : Michèle Grandmangin
Édition : Christine Ligonie
Maquette et mise en pages : Gildaz Mazurié / Alinéa
Couverture : Michel Munier

ISBN : 978-2-09-035231-3 pour la version avec CD
ISBN : 978-2-09-035243-4 pour la version sans CD

AVANT-PROPOS

Le nouveau dispositif du DELF – Diplôme d'études en langue française – a été officiellement modifié en septembre 2005. Depuis cette date, les unités capitalisables ont disparu. Aujourd'hui, le mot DELF ou DALF a valeur de diplôme. On distingue ainsi l'ordre ci-dessous pour le public adulte : DELF A1 – DELF A2 ; DELF B1 – DELF B2 ; DALF C1 – DALF C2

Les mentions A1, A2, B1, B2, C1, C2 correspondent aux échelles de niveau du Cadre européen commun de référence. Ce qui implique que les nouveaux diplômes sont calibrés sur ces échelles. Les épreuves proposées pour chacun des niveaux sont organisées sous forme de tâche à réaliser telles que l'on pourrait avoir à les mettre en œuvre dans la vie courante ou professionnelle.

Les examens du DELF sont offerts à tous ceux qui ont besoin d'une reconnaissance officielle de leur niveau en langue française. Cet ouvrage correspond au DELF B2 qui présente des épreuves écrites et orales en réception et en production.

Il correspond à un enseignement allant de 350 à 550 heures de français, selon le contexte et le rythme d'enseignement. Les activités d'entraînement proposées sont destinées à un public de grands adolescents et d'adultes préparant ce diplôme dans une école de langue au lycée ou à l'université.

En terme de connaissance et de compétence, le niveau B2 évalue une compétence d'utilisateur dit autonome et vise à rendre compte des spécifications du niveau avancé. Le locuteur se concentre sur l'efficacité de l'argumentation. Il rend compte de ses opinions, les défend dans le cadre d'une discussion en s'appuyant sur des exemples, des arguments, des commentaires. Son argumentation est construite, nourrit d'éléments mettant en évidence les avantages et les inconvénients d'un thème donné. Il est capable de faire un exposé construit ou de répondre à un interlocuteur à bon escient. Parler avec naturel, comprendre dans le détail et s'adapter aux changements de sens, de style et d'insistance issus de toute conversation sont les éléments forts du niveau B2. La maîtrise de la langue n'est plus un obstacle pour suivre ou participer à une conversation avec des natifs. L'autocorrection s'effectue naturellement par la conscience du fonctionnement de la langue.

Les objectifs de ce matériel sont les suivants :

– Cet ouvrage prépare à un diplôme dont la description des épreuves est décrite dans le tableau joint.

– Il permet à chacun de se mesurer aux difficultés et aux types d'épreuves, à son rythme, en lui faisant acquérir les éléments indispensables (maîtrise des discours, communication orale et écrite…).

L'équipe qui a conçu cette préparation est composée de spécialistes de l'évaluation en français, fortement impliqués dans le DELF et dans d'autres systèmes de certification (auteur de manuel, formateurs, responsable de centres d'enseignement du français…).

Ils ont intégré au plus près les indications et les orientations du Conseil de l'Europe présentées par le biais du Cadre européen commun de référence et les référentiels pour les langues nationales et régionales, du ministère de l'Éducation nationale, de la Commission nationale et du conseil d'orientation pédagogique du DELF et du DALF.

Ce manuel présente donc tous les éléments indispensables pour une préparation efficace.

Isabelle NORMAND
Responsable du service Pédagogie et Certifications de l'Alliance Française de Paris

Richard LESCURE
Responsable de la filière Français comme langue étrangère (université d'Angers) ; président de Jury ; membre du Conseil d'orientation pédagogique du DELF-DALF et du groupe d'experts pour la rénovation du DELF-DALF.

DIPLÔME D'ÉTUDES EN LANGUE FRANÇAISE

DELF B2

(NIVEAU B2 DU CADRE EUROPÉEN COMMUN DE RÉFÉRENCE POUR LES LANGUES)

DELF B2 : nature des épreuves	Durée	Note sur
Compréhension de l'oral ■ Réponse à des questionnaires de compréhension portant sur deux documents enregistrés : – interview, bulletin d'informations, ... (une seule écoute) ; – exposé, conférence, discours documentaire, émission de radio ou télévisée (deux écoutes). *Durée maximale des documents : 6 min.*	**30 minutes (environ)**	**25**
Compréhension des écrits ■ Réponse à des questionnaires de compréhension portant sur deux documents écrits : – texte à caractère informatif, concernant la France ou l'espace francophone ; – texte argumentatif.	**1 heure**	**25**
Production écrite ■ Prise de position personnelle argumentée (contribution à un débat, lettre formelle, article critique...).	**1 heure**	**25**
Production orale ■ Présentation et défense d'un point de vue à partir d'un court document déclencheur.	**20 minutes** ***préparation 30 minutes***	**25**

Durée totale des épreuves collectives : 2 h 30.

- **Note totale sur 100**
- **Seuil de réussite : 50/100**
- **Note minimale requise par épreuve : 5/25**

SOMMAIRE

COMPRÉHENSION ORALE

CHAPITRE 1
ACTIVITÉS D'ÉCOUTE ET DE COMPRÉHENSION DE L'ORAL

➤ *Description des activités*

Les activités proposées pour le travail de la « Compréhension de l'oral » sont organisées en trois parties.

1. Comprendre des annonces, des instructions orales et des documentaires radiodiffusés
2. Comprendre des conférences, des exposés, des discours (éducationnels, professionnels)
3. Comprendre une conversation animée entre locuteurs natifs

Vous écouterez différents types de documents correspondant à des extraits de conversation, de discussion, d'entretien, d'exposé, de présentation et de programme radiophonique.
Ces documents font référence aux quatre domaines (sphères d'activités ou centre d'intérêt) : **personnel, public, professionnel, éducationnel.**

➤ *Démarche*

À l'aide de ces documents vous vous entraînerez à :

– comprendre globalement une situation ;
– repérer le point de vue et l'attitude d'un locuteur ;
– prendre correctement des notes ;
– corriger des notes prises de façon erronée ;
– retrouver, reformuler le plan d'un exposé, d'une présentation orale ;
– caractériser le type de relation entre les personnages en fonction du registre de langue utilisé ;
– répondre en argumentant à l'aide d'exemples précis ;
– reformuler le message entendu.

➤ *Déroulement des épreuves*

Dans cette partie « Compréhension de l'oral » de l'examen du Delf B2, vous entendrez **deux types de documents sonores.**
Pour le **premier document,** vous aurez d'abord une minute pour lire les questions.
Ensuite vous entendrez le document **une seule fois (environ deux minutes d'écoute)** puis vous aurez trois minutes pour répondre aux questions.
Pour le **second document,** vous aurez d'abord une minute pour lire les questions. Ensuite vous entendrez **une première fois** le document, puis vous aurez **une pause de trois minutes** pour commencer à répondre aux questions.
Vous entendrez **une seconde fois** le document, puis vous aurez **encore cinq minutes** pour compléter vos réponses.

1- Comprendre des annonces, des instructions orales et des documentaires radiodiffusés

DOCUMENT SONORE N° 1

activité 1 **Vous devez rédiger une brève synthèse sur les chiffres du tourisme dans le monde et en France à partir de ce reportage radio et à l'aide des notes prises ci-dessous.
Vérifiez ces notes : cochez-les quand elles sont justes et corrigez-les si elles sont fausses.**

❑ environ six cents millions de touristes dans le monde l'année dernière

....

❑ un milliard sept cents millions prévus dans cinq ou six ans

....

❑ près de deux millions personnes dans le secteur du tourisme en France

....

❑ jusqu'à 12 000 emplois directs ou indirects par an

....

❑ entre 65 et 80 millions de touristes en France par an selon les années

....

❑ près de 97 millions de visiteurs en France l'année dernière

....

activité 2 **Pour compléter votre synthèse, dégagez les informations principales et vérifiez-les.**

1. Le secteur du tourisme mondial est...	**vrai**	**faux**	**on ne sait pas**
a. en stagnation économique	❑	❑	❑
b. en récession économique	❑	❑	❑
c. en expansion économique	❑	❑	❑

2. Les prévisions statistiques envisagent pour l'avenir...	**vrai**	**faux**	**on ne sait pas**
a. une augmentation par trois du nombre de touristes dans le monde	❑	❑	❑
b. une diminution par deux du nombre de touristes dans le monde	❑	❑	❑
c. une augmentation par deux du nombre de touristes dans le monde	❑	❑	❑

3. La France est un pays où le secteur du tourisme...	**vrai**	**faux**	**on ne sait pas**
a. se porte bien pour le moment mais risque de connaître de graves difficultés	❑	❑	❑
b. se porte mal et risque de connaître une crise grave	❑	❑	❑
c. se porte bien mais doit se remettre en question et évoluer	❑	❑	❑

activité 3 **1. Pour argumenter, identifiez les problèmes que le secteur du tourisme en France doit résoudre.**

❑ Les structures d'accueil, comme les hôtels, ne sont plus assez nombreuses.
❑ Les touristes n'ont pas assez d'argent à dépenser.

- ❑ Le secteur du tourisme en France a eu un problème d'image et de considération.
- ❑ La population française supporte mal la présence des touristes.
- ❑ Le potentiel touristique de la France est faible.
- ❑ Les professionnels français du tourisme ne font pas assez la publicité du potentiel touristique de la France.
- ❑ Le tourisme en France doit gagner en professionnalisme.
- ❑ Les pays d'Europe du Sud, comme l'Italie, l'Espagne ou le Portugal font trop de concurrence à la France.
- ❑ Beaucoup de visiteurs voyagent à travers la France mais n'y restent pas ou y séjournent trop peu de temps

2. Classez-les dans l'ordre où ils sont mentionnés dans le document sonore.

n° 1 ....

n° 2 ....

n° 3 ....

n° 4 ....

n° 5 ....

activité 4 **Lequel de ces trois messages présentent le plus complètement les aspects que le tourisme en France doit développer ?**

Message A

Pour améliorer ses performances, le secteur touristique en France doit :
- augmenter le niveau de son professionnalisme et développer sa communication publicitaire concernant le potentiel touristique de la France ;
- adopter une démarche marketing pour mieux promouvoir le potentiel touristique de la France ;
- développer le marché des séjours touristiques de courte durée.

Message B

Pour améliorer ses performances, le secteur touristique en France doit :
- augmenter le niveau de son professionnalisme et développer sa communication publicitaire concernant le potentiel touristique de la France ;
- développer le marché des séjours touristiques de courte durée ;
- améliorer l'accueil des visiteurs par un changement des comportements et par la qualité des structures d'accueil.

Message C

Pour améliorer ses performances, le secteur touristique en France doit :
- recruter plus de personnels qualifiés ;
- augmenter le nombre des structures d'accueil touristique comme les hôtels, les campings, etc. ;
- adopter une démarche marketing pour mieux promouvoir le potentiel touristique de la France ;
- baisser les prix des services touristiques pour que les touristes aient envie de rester plus longtemps et de consommer plus.

DOCUMENT SONORE N° 2

activité 5 **1. Rendez compte de l'information principale de ce bulletin d'information.**

....

....

2. Ce reportage est constitué ou composé de plusieurs parties : retrouvez-les, reformulez-les et précisez leur finalité.

....

....

....

....

....

....

activité 6 **1. Expliquez à quoi correspond la date du 6 juillet 2005.**

....

....

2. Dites à quoi fait référence le chiffre 2, 65 milliards mentionné dans le reportage.

....

....

activité 7 **Rapportez les paroles de ces personnes et attribuez à chacune les propos qu'elle a tenus dans ce reportage.**

1. Le maire adjoint de New York et fondateur du « New York City 2012 »	❑	❑ **a.** « Les appréciations de la commission d'évaluation sont un superbe tremplin pour aborder les trente derniers jours de notre campagne. »
2. Le responsable du dossier de Moscou	❑	❑ **b.** « Nous sommes totalement persuadés que nous sommes en tête dans la course aux Jeux ; notre candidature est jugée humaine, réalisable et tient compte des questions d'environnement. »
3. Le président de la candidature de la ville de Londres	❑	❑ **c.** « Notre ville fait partie du peloton de tête et nous avons une grande chance de l'emporter à Singapour si le projet de construction de Grand Stade est accepté. »
4. Le maire de Madrid	❑	❑ **d.** « Le rapport de la Commission d'évaluation est ouvert, objectif et positif. »

activité 8 **Vous vous êtes plus particulièrement attaché à la réaction du maire de Paris. Caractérisez-la.**

1. Entourez deux propositions.

Dans sa réaction, le maire de Paris fait preuve :

a. de modestie
b. d'optimisme
c. d'une grande assurance
d. de patriotisme

2. Cochez deux propositions.

❑ Le maire de Paris exprime sa confiance en la victoire.
❑ Le maire de Paris garde un profil bas et reste déterminé.
❑ Le maire de Paris déclare que Paris est la ville la mieux placée pour gagner.
❑ Le maire de Paris félicite la Commission d'évaluation pour ses appréciations.

activité 9 **Relevez les points forts de la candidature de Paris remarqués par la Commission d'évaluation.**

....
....
....
....
....
....
....

DOCUMENT SONORE N° 3

activité 10 **Lors d'un stage d'initiation au métier du journalisme, on vous propose d'analyser ce document. Répondez.**

1. Comment pourriez-vous appeler ce type de programme radio ?

❑ une critique musicale
❑ une enquête policière
❑ un billet d'humeur

2. De quelle manière le sujet est-il traité par la journaliste ?

La journaliste...	vrai	faux	on ne peut pas le dire
parle en spécialiste de la musique pour piano			
présente des informations nouvelles et non connues du public			
fait référence à des informations censées être déjà connues du public			
traite le sujet de manière objective			
traite le sujet de manière subjective			
s'adresse à son auditoire en restant neutre			
cherche à créer une complicité avec son auditoire			
parle en spécialiste de la sculpture de Rodin			
adopte un point de vue intimiste et enthousiaste			
adopte un point de vue pragmatique et rationnel			

activité 11 **Afin de montrer comment la journaliste a organisé et construit sa rubrique reportage, retrouvez la trame de ce programme.**

Ce que présente la journaliste	informations détaillées	numéro d'ordre chronologique
des hypothèses objectives sur le pianiste		
un point de vue personnel		
une description de l'ambiance		
une description de l'environnement naturel		
une description physique du pianiste		
l'effet produit sur les interlocuteurs du pianiste		
le mode de communication du pianiste		

activité 12 **1. Cernez maintenant le point de vue de la journaliste.**

Pour la journaliste…

- ❑ peu importe de savoir d'où vient cet homme
- ❑ peu importe de savoir si, dans cette histoire, l'homme en question a simulé et avait un but personnel intéressé
- ❑ peu importe de savoir si la police pourra identifier cet homme

car…

- ❑ l'essentiel est qu'il retrouve l'usage de la parole
- ❑ l'essentiel est ce que cette affaire a provoqué dans l'esprit des gens
- ❑ l'essentiel est qu'il puisse se produire prochainement en concert

2. Vous racontez cette anecdote à des amis : choisissez les expressions appropriées pour qualifier cette affaire. Entourez-les.

« Vous savez, c'est une affaire qui est vraiment…

a. étrange et suspecte
b. surprenante et poétique
c. mystérieuse et dramatique

… et qui suscite chez les gens… »

a. le rêve et l'imagination
b. la surprise et la tristesse
c. le doute et la suspicion

activité 13 **À la fin, la journaliste choisit de conclure sa rubrique reportage en citant des titres d'œuvres littéraires françaises classiques.**

Pour expliquer ce choix, dites quel est l'effet recherché sur l'auditoire :

- ❑ impressionner l'auditoire et le mettre mal à l'aise
- ❑ donner à l'auditoire une preuve de sa culture littéraire personnelle
- ❑ quitter son auditoire en donnant des signes de complicité

2- Comprendre des conférences, des exposés, des discours (éducationnels, professionnels)

DOCUMENT SONORE N° 4

activité 14 Écoutez ces extraits d'enregistrements radio, identifiez le ou les domaine(s) dont on parle.

domaines	extrait n° 1	extrait n° 2	extrait n° 3	extrait n° 4	extrait n° 5
culture					
science					
histoire					
commerce					
linguistique					
entreprise					
médecine					
loisirs					
éducation					

DOCUMENT SONORE N° 5

activité 15 **1.** Selon vous, quel est le titre de l'émission que vous venez d'entendre ?

a. ❑ La construction des maisons en bois en France : un secteur en difficulté
b. ❑ La construction des maisons en bois en France : un secteur méconnu et mal considéré
c. ❑ La construction des maisons en bois en France : un secteur d'avenir en pleine expansion et à vite découvrir

2. Cette émission est…

❑ une publicité ❑ une information ❑ un débat

qui a pour but d'être…

❑ persuasif/ive ❑ dissuasif/ive ❑ informatif/ive ❑ polémique

activité 16 **Un de vos amis, sensible aux questions d'écologie, fait le projet de construire une maison. Intéressé par le sujet de cette émission vous avez pris des notes dans l'idée de lui en parler.**

Relisez ces notes prises après l'écoute de cet exposé, revoyez les chiffres et corrigez-les.

1. Les maisons en bois représentent en 2005 près de 15 % du marché de la construction de maisons individuelles en France.

....

2. En Allemagne, ce pourcentage est de 3 %.

....

3. Dans les pays d'Europe scandinave, ce pourcentage est de 65 %.

....

4. Aux États-Unis et au Canada, ce pourcentage est de 86 %.

....

5. On observe une progression d'environ 6 % par an du nombre de maisons individuelles en bois.

....

6. 28 % des foyers français accepteraient d'habiter dans une maison en bois.

....

7. Le bois est 12 fois plus isolant ou 12 fois moins conducteur que le béton et 150 fois plus isolant ou 150 fois moins conducteur que l'acier.

....

activité 17 **1. Cet exposé présente une série de préjugés et des éléments plus objectifs : différenciez-les de manière à vous faire votre propre opinion.**

affirmations	préjugés	propos objectifs
Les maisons en bois ne sont pas solides et ont une durée de vie limitée.		
Le bois n'est pas résistant au feu.		
Le bois est un excellent conducteur thermique.		
Une structure en bois supporte bien la chaleur en cas d'incendie.		
Les maisons en bois sont plus dangereuses en cas d'incendie.		
Quand le bois brûle, il ne produit pas de fumées toxiques.		
L'utilisation du bois est à déconseiller pour la sécurité d'une construction.		
Le prix d'une maison en bois est plus élevé qu'une maison « en dur ».		

2. Dans ce document, quelles sont les catégories professionnelles citées qui ont une bonne connaissance du matériau bois ?

....

....

activité 18 **1. Quel est le point faible du bois mentionné dans l'exposé ?**

....

2. Quelle est la solution proposée pour remédier à ce problème ?

....

activité 19 **À quels avantages et à quels types de clientèle la construction de maisons en bois est associée ?**

❑ à une clientèle financièrement favorisée
❑ au respect du pouvoir d'achat des clients consommateurs
❑ au respect de l'environnement
❑ à la concurrence contre la construction de maisons en béton

❑ à la préservation de la forêt
❑ à la lutte contre l'effet de serre
❑ à l'engagement en faveur des associations ou des partis écologistes
❑ à des clients conscients de leur démarche

DOCUMENT SONORE N° 6

activité 20 **1. Vous rapportez à quelqu'un l'information principale de ce reportage, que lui dites-vous ?**

....

....

2. On vous demande de compléter plus précisément cette information, que dites-vous ?

....

....

activité 21 **1. Retrouvez les dates correspondant à ces femmes.**

Florence Delay	•	• 1988
Marguerite Yourcenar	•	• 1990
Hélène Carrère d'Encausse	•	• 1980
Jacqueline de Romilly	•	• 2000

2. Quel est le point commun de ces femmes et de ces dates ?

....

....

activité 22 **1. Comment s'appelle la femme dont on parle dans ce document.**

....

2. Pour quelle occasion est-elle citée ?

....

3. À quels événements biographiques et littéraires ces dates sont-elles associées ?

dates	événements
1936	
1946	
1955	
1979	
1980	
1997	

activité 23 **Quelles sont les principales raisons du choix de l'Académie française ?**

....

....

....

....

....

....

activité 24 **1. De quelle manière la femme dont on parle exprime sa satisfaction ?**

....

....

....

....

2. Quel est l'espoir exprimé par cette femme ?

....

....

....

....

DOCUMENT SONORE N° 7

activité 25 **Précisez ce dont il s'agit :**

a. L'émission des « Entreprises sur la Toile » est :
- ❑ un journal radio d'informations courantes
- ❑ un débat radiophonique
- ❑ un programme radio spécialisé

b. L'émission porte sur :
- ❑ un thème professionnel relatif au tourisme et à la culture
- ❑ un thème de l'actualité politique internationale
- ❑ un thème professionnel relatif au domaine médical

c. Elle est diffusée :
- ❑ tous les jours
- ❑ toutes les semaines
- ❑ tous les mois

activité 26 **a. La société dont on parle dans des « Entreprises sur la Toile » s'appelle :** ....

b. Cette société est :
- ❑ une entreprise privée nationale
- ❑ une organisation publique internationale
- ❑ une organisation indépendante non gouvernementale

c. Cette société :
- ❑ a pour fonction de faire des bénéfices commerciaux
- ❑ a pour fonction de proposer un service d'utilité publique
- ❑ n'a pas pour fonction de faire des bénéfices commerciaux

d. Cette société se spécialise dans :
- ❑ la production et la vente de médicaments à base de produits naturels
- ❑ la recherche et le développement concernant les pratiques locales de médecines traditionnelles
- ❑ la lutte contre l'expansion globale de la médecine moderne de type occidental

activité 27 **1. Quelle source d'information la journaliste a-t-elle utilisée pour présenter cette société ?**

....

2. **De quelle façon la journaliste présente-elle cette société ? Entourez la réponse adéquate.**

a. de manière positive
b. de manière négative
c. de manière objective et neutre

activité 28 **Vous êtes journaliste pour une revue spécialisée dans les approches médicales alternatives. On vous demande d'écrire, dans une rubrique d'informations générales, quelques lignes pour présenter rapidement cette société : complétez votre texte en choisissant les informations correctes.**

> .... *(nom de la société)* est (1) … qui a été fondée (2) … par (3) … après une mission humanitaire effectuée (4) … : cette personne, originaire (5) … mais qui habite (6) …, a, entre autres, donné pour mission à cette société de (7) … . C'est la raison pour laquelle .... *(nom de la société)* adopte une approche ouverte des problèmes de santé, à la fois scientifique, médicale, humaine et culturelle et c'est pourquoi cette société favorise la recherche et le développement dans (8) …

(1) a. organisation de loi 1901
b. entreprise de loi 1901
c. association de loi 1901
(2) a. en 1987
b. en 1977
c. en 1997
(3) a. une pharmacienne et anthropologue française
b. un pharmacien et anthropologue français
c. une pharmacienne et anthropologue indienne
(4) a. en Inde
b. au Cambodge
c. au Ladakh
(5) a. du nord-ouest de l'Inde
b. du sud-ouest du Cambodge
c. du sud de la France
(6) a. en Inde
b. au Cambodge
c. au Ladakh
(7) a. faire progresser la médecine moderne
b. préserver les traditions des médecines locales
c. arrêter la progression de la médecine moderne
(8) a. différents pays
b. différents milieux sociaux
c. différentes disciplines scientifiques

activité 29 **1. Quels sont les deux éléments du problème qui touche le Ladakh selon Nomad RSI ?**

a. ....

b. ....

2. Quelle conséquence risque d'apparaître pour la population locale selon Nomad RSI ?

....

3- Comprendre une conversation entre locuteurs natifs

DOCUMENT SONORE N° 8

activité 30 **Plusieurs sentiments sont exprimés dans ce dialogue, reconnaissez-les !**

Prise de parole 1 (l'homme) ❑ surprise ❑ colère ❑ agacement
Prise de parole 2 (la femme) ❑ fatigue ❑ agacement ❑ colère
Prise de parole 3 (l'homme) ❑ énervement ❑ tendresse ❑ compréhension
Prise de parole 4 (la femme) ❑ froideur ❑ douceur ❑ gêne
Prise de parole 5 (l'homme) ❑ frustration et sympathie ❑ satisfaction et compréhension ❑ frustration et reproche
Prise de parole 6 (la femme) ❑ étonnement sincère et inquiétude ❑ irritation et attitude défensive ❑ étonnement sincère et irritation
Prise de parole 7 (l'homme) ❑ excuse et attitude désolée ❑ justification et provocation ❑ excuse et humour tendre
Prise de parole 8 (la femme) ❑ réaction susceptible et compréhension ❑ réaction susceptible et reproche ❑ réaction susceptible et menace
Prise de parole 9 (l'homme) ❑ demande de justification et menace ❑ étonnement et reproche ❑ demande de justification et attitude de défiance

activité 31 **1. Choisissez les adjectifs qui caractérisent le mieux la relation entre ces deux personnes. Entourez-les.**

aimable / étrange / tendue / romantique / passionnée / conflictuelle / désespérée / normale / agressive / triste

2. Quels termes ou expressions peuvent correspondre à l'échange que vous venez d'entendre ? Cochez-les.

❑ une négociation ❑ un conflit familial ❑ un débat
❑ une dispute ❑ une polémique ❑ une scène de ménage
❑ une discussion ❑ un malentendu ❑ un différend

activité 32 **1. Identifiez le résumé qui correspond totalement à la situation entendue.**

Résumé A

Un homme demande à une femme ce qu'elle a mais celle-ci lui demande de la laisser tranquille et de ne pas lui adresser la parole. L'homme lui répond de manière ironique et la femme se sent provoquée : l'homme se justifie mais ajoute une parole blessante. La femme se sent à nouveau provoquée, exige de lui des excuses et le menace. L'homme lui répond sans faire baisser la tension.

Résumé B

Un homme demande à une femme ce qu'elle a mais celle-ci lui demande de la laisser tranquille et de ne pas lui adresser la parole. L'homme lui répond de manière agressive et la femme se sent provoquée : l'homme se justifie mais ajoute une parole blessante. La femme se sent à nouveau provoquée, exige de lui des excuses et le menace. L'homme lui répond sans faire baisser la tension.

Résumé C

Un homme demande à une femme ce qu'elle a mais celle-ci lui demande de la laisser tranquille et de ne pas lui adresser la parole. L'homme lui répond de manière agressive et la femme se sent provoquée : l'homme se justifie mais ajoute une parole blessante. La femme se sent à nouveau provoquée, exige de lui des excuses et le menace de le quitter. L'homme lui répond sans faire baisser la tension.

Réponse : ....

DOCUMENT SONORE N° 9

activité 33

1. Cette situation est… (deux réponses)

❏ une réunion de travail
❏ une dispute
❏ un débat
❏ un échange de suggestions et de propositions
❏ une discussion
❏ une séance d'assemblée générale

2. Qualifiez la relation entre les personnes entendues.
Dites si les termes proposés sont appropriés et complétez le tableau.

la relation entre les personnes est...	vrai	faux	on ne peut pas savoir
conviviale			
professionnelle			
conflictuelle			
amicale et formelle			
amicale et informelle			
ancienne			

activité 34

1. Cochez ce qui correspond à la scène que vous avez entendue.

a. ❏ une personne fait des propositions au groupe pour l'organisation de la journée
b. ❏ une personne décide d'un programme pour la journée à la place des autres
c. ❏ les trois autres personnes du groupe s'opposent à ce que dit la quatrième personne
d. ❏ deux personnes expriment des réserves, une personne exprime son accord
e. ❏ deux personnes expriment leur accord, une personne exprime des réserves

f. ❑ le groupe se rallie à la proposition de la femme
g. ❑ le groupe ne prend aucune décision finale
h. ❑ ce groupe de personnes est en vacances
i. ❑ ce groupe de personnes effectue un voyage professionnel
j. ❑ quelqu'un du groupe propose une solution au problème que mentionne la femme
k. ❑ aucune personne du groupe n'a de solution au problème soulevé par la femme

2. Quel mode d'hébergement ces personnes ont-elles choisi ?

....

3. Précisez les trois problèmes auxquels le groupe est confronté.

a. ....
b. ....
c. ....

activité 35 **Finalement, que feront ces quatre personnes ?**

Proposition A

D'abord, elles se promèneront et visiteront le centre ville, ensuite elles prendront un café pour se reposer avant d'aller à la plage en fin d'après-midi et le soir, elles dormiront en plein air près de la mer.

Proposition B

D'abord, elles se promèneront et visiteront le centre ville, ensuite elles prendront un café pour se reposer avant d'aller à l'office du tourisme en fin d'après-midi pour chercher un hébergement, et le soir, elles iront au bord de la mer.

Proposition C

D'abord, elles iront à l'office du tourisme pour trouver un lieu où dormir le soir et ensuite elles décideront de ce qu'elles feront après, en fonction du temps : faire un peu de tourisme en ville, prendre une consommation dans un café, rejoindre la plage.

Réponse : ....

DOCUMENT SONORE N° 10

activité 36 **Entourez la bonne réponse.**

1. Dans cette situation, les personnes :

a. s'expriment dans une langue formelle
b. s'expriment dans une langue usuelle informelle
c. utilisent des expressions vulgaires

2. Dans cette situation, la femme fait part d'une expérience qu'elle a eue récemment :
❑ vrai ❑ faux ❑ on ne peut pas le dire

3. Reliez avec des flèches les propositions adéquates

La femme et l'homme •

- discutent d'un problème professionnel
- parlent d'un sujet à caractère culturel
- ne sont pas d'accord et se disputent
- échangent des impressions, expriment des appréciations
- partagent un même point de vue

activité 37 **1.** Complétez le tableau.

la femme qu'on entend est allée...	vrai	faux	on ne sait pas
à un salon professionnel d'art contemporain			
à une conférence en histoire de l'art			
à une exposition d'arts plastiques			
à un vernissage dans une galerie de peinture pour inaugurer une exposition			

2. Quel est le thème général de l'événement en question ?

....

3. Quels types d'œuvres ont été présentés ?

....

activité 38 **1.** Quelles informations donne-t-on sur le tarif de l'entrée ?

....

2. Le statut de la femme qui parle :

❑ est connu
❑ n'est pas connu

activité 39 **1.** Quelles sont les raisons du mécontentement de la personne ?

....

....

2. D'où viennent les autres commentaires suscités par cet événement ?

....

3. De quel type de commentaires s'agit-il ? Cochez.

a. ❑ de réserves
b. ❑ de critiques positives
c. ❑ de critiques négatives

4. Précisez-les :

....

....

activité 40 **1. À la fin de cet échange, l'homme exprime un sentiment. Lequel ?**

La personne exprime...	réponse
de l'indignation	
de l'indifférence	
de la résignation	

2. Selon la dernière personne qui parle,

❑ ce type d'erreurs doit être rapporté aux organisateurs responsables de l'événement
❑ il faut ignorer ce type d'erreurs
❑ il faut accuser les organisateurs responsables de l'événement

3. Le fait d'avoir noté certaines erreurs incite la femme à agir : quelle démarche compte-t-elle entreprendre ?

....

....

DOCUMENT SONORE N° 11

activité 41 **1. La discussion entendue concerne le domaine :**

❑ de l'enseignement supérieur général en France
❑ du recrutement dans les grandes entreprises en France
❑ de l'enseignement supérieur sélectif en France

2. Quel est le sujet de la discussion ? Répondez en formulant une question précise.

....

activité 42 **Quel est l'objectif de ce programme radio ? Choisissez en cochant deux réponses possibles.**

objectifs	réponses
Présenter un point de vue orienté et unique sur un sujet polémique	
Provoquer un débat contradictoire sur un sujet polémique	
Amener les auditeurs à partager le même point de vue que les invités présents dans le studio	
Permettre d'échanger des informations objectives et des points de vue subjectifs	

activité 43 **Dites ce que fait chacune des personnes qui participent à la discussion. Reliez avec des flèches (plusieurs flèches possibles par personne).**

Gérard Deloing •	• parle de sa situation, de son expérience personnelle
Amélie •	• donne des informations et des explications objectives
Bruno •	• abonde dans le sens d'un interlocuteur en donnant des précisions
Malek •	• exprime un point de vue critique
	• prend à partie un interlocuteur
	• défend sa position en faisant une mise au point

activité 44 **1.** Votre ami Norbert veut faire des études en France. Vous lui donnez des informations et des explications objectives sur le sujet débattu, à partir de ces témoignages.

....

....

....

....

....

....

2. Trouvez une autre expression pour désigner la « discrimination positive ».

....

3. Rapportez les points de vue de Bruno et Amélie.

point de vue de Bruno	point de vue d'Amélie
....	....
....	....
....	....
....	....
....	....
....	....
....	....
....	....
....	....
....	....
....	....
....	....
....	....
....	....
....	....

activité 45 **1.** « Comment Malek a-t-il intégré Sciences-Po ? » Donnez deux éléments de réponse.

a. ....

....

b. ....

....

2. Précisez comment Malek considère la façon dont il a été recruté à Sciences-Po. Donnez trois éléments de réponse.

a. ....

b. ....

c. ....

ÉPREUVES TYPES

DOCUMENT SONORE N° 1

➤ Activité 46

Lisez d'abord les questions pendant une minute. Écoutez ensuite le document enregistré. Puis répondez aux questions en trois minutes maximum.

1. Ce reportage vise à :

❑ critiquer la présence des entreprises chinoises à Paris
❑ démontrer les effets négatifs de la concurrence des entreprises chinoises sur les entreprises françaises à Paris
❑ présenter le profil des entreprises et des dirigeants d'entreprise chinois à Paris

2. a. En quatre ans le nombre des entreprises chinoises à Paris a été multiplié :

❑ par plus de trois
❑ par plus de deux
❑ par plus de quatre

b. Cette progression concerne la période :
❑ 1999-2003
❑ 2000-2004
❑ premier semestre 2001-premier semestre 2005

3. a. Les entreprises chinoises sont-elles profitables pour l'économie locale parisienne ?

❑ oui ❑ non

b. Justifiez votre réponse avec trois arguments :
....
....
....

➤ Activité 47

1. À quoi correspondent ces chiffres ? Reliez avec des flèches.

3 113 •	• nombre des dirigeants d'entreprises chinoises • nombre des dirigeants d'entreprises étrangères
3 265 •	• nombre d'immatriculations des entreprises chinoises • nombre d'immatriculations des entreprises étrangères
1,1 % •	• pourcentage des entreprises chinoises • pourcentage des entreprises étrangères
20 % • 15 % •	• pourcentage des entrepreneurs français entre 25 et 35 ans • pourcentage des entrepreneurs chinois entre 25 et 35 ans
76 millions d'euros •	• montant total des prêts bancaires des entreprises chinoises pour l'année 2004 • montant total des prêts bancaires des entreprises étrangères pour l'année 2004
48 % • 25 % •	• pourcentage des femmes françaises entrepreneurs à Paris • pourcentage des femmes chinoises entrepreneurs à Paris

2. Numérotez de un à quatre par ordre d'importance (du plus important au moins important) les secteurs économiques où les entreprises chinoises se placent à Paris.

restauration	
informatique et autres	
industrie de manufacture	
commerce	

DOCUMENT SONORE N° 2

➤ Activité 48

Lisez d'abord les questions pendant une minute. Ensuite écoutez une première fois le document enregistré : ne cherchez pas à prendre des notes mais concentrez-vous sur le document.

Puis, pendant trois minutes, commencez à répondre aux questions. Écoutez ensuite le document une seconde fois. Prenez enfin cinq minutes pour terminer de compléter vos réponses.

1. D'une manière générale, cette interview aborde le sujet :

❑ des femmes divorcées
❑ des familles avec un seul parent
❑ des femmes qui élèvent seules leur(s) enfant(s)

2. Plus particulièrement, le reportage :

❑ présente un cas exceptionnel de femme parent isolé
❑ présente les difficultés quotidiennes d'une femme divorcée
❑ présente un cas représentatif de la situation de parent isolé

➤ Activité 49

1. Pendant l'interview un journaliste stagiaire a pris les notes suivantes. Corrigez-les si nécessaire :

a. Hausse de 34 % du nombre des familles monoparentales entre 1990 et 1999

....

b. Les familles monoparentales représentent 27 % des familles en France

....

c. 24 % des familles dans la capitale sont monoparentales

....

d. 95 % = part des femmes qui sont parent isolé

....

e. 43 % = part des revenus du travail dans les ressources financières des femmes parent isolé

....

2. Donnez cinq informations sur la situation personnelle de Marie-Laure.

a. Trois informations concernant sa situation familiale :
1. ....
2. ....
3. ....

b. Deux informations concernant ses activités, professionnelle et extra-professionnelle :
1. ....
2. ....

3. a. Quelle est la difficulté majeure que Marie-Laure rencontre quotidiennement ?

....

b. Quelle est la contrainte de temps qui lui pose problème dans son organisation ?

....

➤ Activité 50

1. a. Qu'est-ce que Parents-Solos ?

....

b. Décrivez.

Parents-Solos	
année de création	....
objectifs	**1.** .... **2.** ....
exemples de services possibles	**1.** .... **2.** ....

2. a. Marie-Laure parle de personnes qui montrent de l'intérêt pour Parents-Solos, lesquelles ?

....

....

b. Quelle est la raison de cet intérêt selon Marie-Laure ?

....

....

AUTO-ÉVALUATION

Vous avez fait les activités de compréhension orale du Delf B2.
Maintenant, dites si vous êtes capables de :

1. Comprendre des annonces, des instructions orales et des programmes radiodiffusés
2. Comprendre des conférences, des exposés, des discours
3. Comprendre une conversation entre locuteurs natifs

Si vous répondez « pas très bien » ou « pas bien du tout », refaites les activités concernées.
Vos réponses :

➤ *Pour comprendre la langue orale standard, sur des sujets familiers ou non familiers se rencontrant dans la vie personnelle ou professionnelle, je peux :*

	Très bien	Assez bien	Pas très bien	Pas bien du tout
repérer et comprendre les informations principales et secondaires d'un message	❑	❑	❑	❑
identifier précisément et reprendre les idées principales d'interventions complexes	❑	❑	❑	❑
suivre une intervention d'une certaine longueur et une argumentation complexe	❑	❑	❑	❑
suivre l'essentiel d'une conversation, d'une conférence, d'un discours, d'un rapport ou d'un exposé	❑	❑	❑	❑

COMPRÉHENSION ÉCRITE

CHAPITRE 2
ACTIVITÉS DE LECTURE ET DE COMPRÉHENSION DES ÉCRITS

➤ *Description des activités*

Les activités proposées pour le travail de compréhension des écrits sont organisées en deux parties.

1. Lire un texte informatif
2. Lire un texte argumentatif

Vous lirez différents types de textes correspondant à des articles de presse, des notices explicatives, des textes de campagne électorale, des lettres, des extraits de courrier des lecteurs, des passages de textes littéraires contemporains ou encore des critiques gastronomiques, touristiques. Ces documents font référence aux quatre domaines (sphères d'activités ou centre d'intérêt) : **personnel, public, professionnel, éducatif.**

➤ *Démarche*

À l'aide de ces textes vous vous entraînerez à :
- comprendre globalement un texte assez long ;
- affiner votre compréhension en répondant à diverses questions portant sur le sens ;
- repérer la structure spécifique du texte et son fonctionnement ;
- identifier le point de vue et l'attitude particulière de l'auteur ;
- observer les mots, les phrases employés par l'auteur pour atteindre son but : informer et/ou argumenter ;
- analyser les arguments.

➤ *Déroulement et contenu des épreuves*

Dans cette partie « Compréhension écrite » de l'examen du DELF B2, vous lirez **deux documents écrits.**

Vous disposerez d'une heure pour répondre aux questions portant sur deux textes.

Pour chaque texte nous vous conseillons de :
- faire une première lecture du texte pour vous, sans être influencer par les questions ;
- de noter de façon rapide ce que vous retenez du texte lu ;
- de lire ensuite les questions et de relire le texte avec ce nouvel éclairage ;
- enfin, de répondre aux questions, dans l'ordre proposé, en vous demandant toujours pourquoi vous avez choisi cette réponse et non une autre. Il est important de revenir souvent au texte pour vérifier que vous êtes sur la bonne voie dans votre compréhension du texte.

1- Lire un texte informatif

DOCUMENT N° 1

La paix des hommes passe par la préservation de l'environnement et *vice versa*. Tel est le message que viennent de lancer les jurés de Stockholm en attribuant le prix Nobel de la paix à Wangari Maathai. Sacré symbole, puisque c'est la première fois depuis sa création que la prestigieuse institution récompense non seulement une femme africaine, mais aussi une vie au service du combat écologique.
Voilà trente ans que cette Kenyane au discours radical, ardente féministe et fondatrice du Green Belt Movement, lutte avec acharnement contre la déforestation qui ravage l'Afrique et la pauvreté qui en résulte. Son arme principale ? De petits arbustes : un peu partout sur le continent, le Mouvement de la ceinture verte a ainsi planté plus de trente millions d'arbres, et ses six mille pépinières emploient aujourd'hui plusieurs dizaines de milliers de femmes rien qu'au Kenya.
Planter des arbres pour lutter contre la famine peut faire sourire. C'est pourtant un formidable résumé de ce que peut être un combat écologique global et foncièrement humaniste. « *Quand on est obsédé par la survie, on ne peut pas s'offrir le luxe de penser à la préservation de l'environnement,* explique Wangari Maathai, par ailleurs ministre adjointe de l'Environnement du Kenya. *Or, plus les ressources (comme l'eau) sont rares, plus la lutte entre les hommes qui veulent en profiter est féroce.* »

Weronika Zarachowicz,
Télérama n° 2858,
23 octobre 2004.

activité 51 **Trouvez un titre au texte.**
Selon vous, quel titre conviendrait le mieux à ce texte ?

❑ L'écologie récompensée
❑ La paix par les plantes
❑ Une femme saluée par un Nobel

activité 52 **Quelles informations ?**

a. Un événement est à l'origine de cet article. Retrouvez-le.

....

....

b. Que retenez-vous de cet article ?
Vous écrivez à un ami et vous lui racontez ce que vous venez d'apprendre en lisant cet article. Complétez cet extrait de lettre.
Je viens de lire un article au sujet du dernier prix Nobel de la paix ....

....

....

....

activité 53 **Observez le vocabulaire.**

a. Dans ce texte où il est question de paix, la journaliste emprunte des mots au champ lexical de la guerre. Cherchez ces mots dans le texte et relevez-les.

....

....

b. Quel effet produit leur emploi ?

....

....

....

activité 54 **Selon l'article, quel est le lien entre le déboisement et la misère de la population ?**

....

....

....

activité 55 **Dans son article Weronika Zarachowicz écrit : « Planter des arbres pour lutter contre la famine peut faire sourire. » Expliquez cette phrase avec vos propres mots.**

....

....

....

activité 56 **Relisez votre extrait de lettre (activité 52 b.). Êtes-vous toujours d'accord avec votre « compte rendu » ? Sinon, qu'aimeriez-vous changer ? Pourquoi ? Faites les changements qui vous semblent importants.**

....

....

....

DOCUMENT N° 2

S'engager pour les autres...

AFEV

Donner un peu de soi

Gaëlle et Nabila ne se ressemblent pas. La première, les cheveux raides et roux, suit un Deug d'anglais. La seconde est brune et bouclée et suit un Deug d'histoire à Nanterre. Malgré ces différences, toutes deux ont décidé un jour de donner de leur temps aux autres. Et c'est l'Afev qu'elles ont choisie. L'Association de la fondation étudiante pour la ville a été créée en 1991 et rassemble 5 000 étudiants bénévoles sur toute la France, impliqués dans des actions de solidarité vers les enfants et les jeunes des quartiers défavorisés. Nabila et Gaëlle, à 20 et 23 ans, ont décidé, elles, de faire de l'accompagnement scolaire deux heures par semaine. « *J'étais dans la file d'attente à la pyramide de Jussieu quand j'ai vu l'affiche de l'Afev*, commente Gaëlle : *"Venez donner deux heures de votre temps à un enfant". Y était adjointe la liste des partenaires. Tout cela m'a semblé très sérieux, alors je me suis lancée.* » « *Au début, je voulais aider des personnes âgées*, se souvient Nabila. *Mais dès que j'ai vu l'affiche pour de l'accompagnement scolaire, j'ai sauté sur l'occasion et j'ai envoyé ma feuille d'inscription le jour même.* » Le principe de l'Afev est simple : à aucun moment il ne s'agit de faire du soutien scolaire même si les bénévoles peuvent aider sur des points mal compris en classe. Ce que l'on attend d'eux, c'est qu'ils se comportent comme des grands frères ou des grandes sœurs pour ces enfants. Et c'est ce qu'ils font : « *On parle du racket à l'école*, explique Nabila. *Les élèves de l'établissement, en face de celui des enfants dont je m'occupe, viennent semer la pagaille.* »

Lors des rendez-vous du lundi entre Gaëlle et Nadège, Malama avec qui elle travaillait l'année passée, vient toujours faire un tour, quand ce n'est pas Saber, qui passe en 6ᵉ cette année.

C'est donc bien l'affectif qui est en jeu. « *Je crois très fort à l'exemple de mon itinéraire scolaire*, explique Gaëlle. *S'ils voient que moi, qui ai pourtant redoublé une classe, je réussis quand même, je crois que ça aura sur eux un effet d'entraînement. Et puis il y a la gratuité de notre travail qui rend l'échange plus riche : lors de la première rencontre, on précise aux enfants qu'on ne nous paie pas pour venir ici. Quand on leur dit qu'on vient parce qu'on a envie de les voir, de les rencontrer, ils sont souvent très émus et baissent les yeux : "Tu ne me connais pas ?" "Non, mais je viens quand même".* »

« *Quand les deux heures passées avec Sophia, Selim et Fatoumata s'achèvent, je suis bien,* ajoute Nabila. *Les aider m'aide aussi à sortir de mes problèmes.* »

La satisfaction que toutes deux tirent de ces échanges est très personnelle, au point qu'aucune d'entre elles n'évoque son engagement entre amis. Nabila a demandé que l'on ne donne pas son nom, tandis que Gaëlle avoue ne pas en parler à ses amis : « *Si on fait du bénévolat, ce n'est pas pour le clamer. Si on en parle, c'est pour que les autres viennent. Si j'arrive à accrocher des gens, alors là, je suis fière. Mon but, c'est de promouvoir le bénévolat, et pas moi.* » Chez Nabila et Gaëlle, l'idée consiste à apporter sa pierre à l'édifice, même s'il existe pour cela plusieurs formes d'engagement. « *Certains sont plus à l'aise avec des enfants, d'autres avec les tâches administratives.* » « *Je ne crois pas que les gens s'engagent pour combler un manque ou pour boucher un trou* », ajoute Nabila. Les deux filles auraient l'une comme l'autre d'excellentes raisons de ne pas s'engager dans le bénévolat. Nabila travaille dans un magasin comme vendeuse et Gaëlle souffre régulièrement de problèmes de santé.

À l'Afev, des réunions sont organisées en cours d'année entre les bénévoles et une psychologue. « *Celle qui est intervenue l'an passé s'occupait des prévenus,* se souvient Gaëlle. *Dans la majorité des cas, elle expliquait que ces personnes avaient eu des problèmes scolaires.* » C'est à cela que pense Gaëlle quand elle rencontre Malama, Saber et Nadège. Quand elle va les chercher à l'école élémentaire Olivier-Metra, située dans le 20e arrondissement de Paris et classée réseau d'éducation prioritaire, elle pense qu'ils ne seront peut-être pas des premiers de la classe mais qu'au moins ils ne deviendront pas des délinquants.

Nadège, l'élève de Gaëlle, redouble son CM2 cette année. Gaëlle a convenu avec l'Afev et le proviseur de continuer à travailler avec elle l'année prochaine. « *Je me rappelle que Nadège avait des problèmes avec les tableaux de valeurs – les mètres, décimètres, centimètres. Elle m'a avoué n'y rien comprendre, donc nous avons travaillé toutes les deux sur ce problème. La semaine d'après, Nadège m'a raconté que la maîtresse avait traité de ce problème en classe et qu'elle était la seule à savoir répondre à ses questions. La maîtresse très étonnée demande à Nadège : "Comment sais-tu tout cela ?" C'est mon étudiante, répond Nadège. J'étais d'autant plus heureuse que j'avais induit un comportement positif, celui de l'élève qui peut comme les autres réussir à l'école.* »

Katia Horeau

D'après *L'École des parents,* hors série septembre 2003.

Afev
26, bis rue du Château-Landon
75010 Paris
Tél. : 01 40 36 01 01
E-mail : afev.nat@free.fr

activité 57 **Dites si les affirmations sont vraies ou fausses. Cochez la case qui convient et justifiez votre réponse.**

a. D'autres organismes sont associés à l'Afev dans son action.
❏ vrai
❏ faux
Justification : ....

b. Au début, Gaëlle a hésité avant de se décider à faire de l'accompagnement scolaire.
❏ vrai
❏ faux
Justification : ....

activité 58 **Reformulez.**

a. « j'ai sauté sur l'occasion »
....

b. « ils se comportent comme des grands frères ou des grandes sœurs pour ces enfants »

....

c. « l'idée consiste à apporter sa pierre à l'édifice »

....

activité 59 **Plusieurs notions sont reprises à différents endroits du texte. Lisez les extraits et dites à quel mot ils renvoient en complétant le tableau.**

1. « les bénévoles » a. « J'étais d'autant plus heureuse que j'avais induit un comportement positif »
2. « l'affectif » b. « il y a la gratuité de notre travail qui rend l'échange plus riche »
3. « l'engagement » c. « ils sont souvent très émus »
4. « la satisfaction » d. « impliqués dans des actions de solidarité »

1.	2.	3.	4.
.....	.....	.....	.....

DOCUMENT N° 3

Questions pratiques

Note d'information de la médiathèque d'Ivry-sur-Seine

Où sont les vidéos (DVD et VHS) ?
Comment sont-elles rangées ?

Les films de fiction en DVD et en VHS sont classés ensemble, dans le rayon qui se trouve à l'entrée de l'Espace Adulte. Ils sont rangés par ordre alphabétique de réalisateurs.
Les films documentaires sont plus dispersés : ils sont classés par sujets, au milieu des livres.
Exemple : les films sur la civilisation égyptienne en 932, c'est-à-dire dans le rayon correspondant.

Combien de DVD et de VHS peut-on emprunter ?

Vous avez droit à 2 vidéos (DVD et VHS confondus), pour une durée de 2 semaines.
Nous vous prions de manipuler les documents avec précaution :
Vous devez extraire doucement les DVD de leur boîtier.
Vous ne devez jamais poser un DVD ailleurs que dans son boîtier ou dans l'appareil de lecture.
N'oubliez pas de rembobiner les cassettes.

Comment faire si l'on perd ou si l'on a abîmé une vidéo (VHS ou DVD) ?

Si vous avez emprunté une vidéo et que vous n'êtes pas en mesure de la rendre, nous vous demanderons de racheter un livre à la place. (En effet, pour des questions de droits d'auteurs, vous ne pouvez pas nous racheter un document audiovisuel).
Comment faire si le document était défectueux au moment où on l'a emprunté ?
Signalez-le nous, en nous donnant le plus de précisions possibles (à quel endroit du film, quel chapitre ?, est-ce un problème de son, d'image... ?).
Remarque : Nous vérifions tous les documents que vous nous signalez défectueux mais lorsqu'ils fonctionnent sur nos appareils, nous les remettons en rayon.

Peut-on regarder des films dans l'espace adulte de la médiathèque ?

Sur la télévision de l'espace adulte, vous pouvez regarder des films documentaires. Pour cela il suffit de nous présenter le film au bureau d'accueil. Nous vous prêterons un casque sans fil en échange de votre carte de la médiathèque ou d'une carte d'identité.
Attention : Certains films cependant ne peuvent pas être regardés dans notre enceinte car nous n'avons pas pu les acheter avec le « droit de consultation ».
Certains films sont disponibles uniquement pour la consultation sur place, ils se trouvent juste à côté de la télévision.

activité 60

a. Ce document présente :
- ❑ des lois
- ❑ des consignes
- ❑ des ordres

b. Il s'adresse :
- ❑ au personnel
- ❑ aux usagers
- ❑ aux clients

c. Ce texte est publié :
- ❑ dans un magazine municipal
- ❑ sur un site Internet qui présente des médiathèques
- ❑ dans la brochure d'une médiathèque

activité 61

a. À la lecture de ce texte, qu'apprend-on des services offerts par la médiathèque ? Faites l'inventaire des possibilités offertes par ce lieu.

....

....

....

b. Nina fréquente régulièrement la médiathèque. Lisez les différentes actions faites par Nina et dites si elles sont conformes aux recommandations éditées dans ce document. Cochez la case qui convient.

Les actions de Nina...	... suivent les recommandations	... ne suivent pas les recommandations	Justification
1. Elle souhaite voir un film sur l'impressionnisme : elle cherche d'abord quel réalisateur a fait un film sur le sujet.			....
2. Après avoir regardé une cassette vidéo, elle la remet directement dans le boîtier.			....

Les actions de Nina...	... suivent les recommandations	... ne suivent pas les recommandations	Justification
3. Nina a perdu un DVD de la médiathèque : elle l'a remplacé en apportant un roman.			....
4. Quand son magnétoscope est en panne, Nina demande à voir les films qu'elle choisit dans les locaux de la médiathèque.			....

DOCUMENT N° 4

Les révoltés du boulot

Jeunes abonnés au chômage, moins jeunes traités comme des salariés Kleenex, cadres stressés, la troupe des dissidents de l'entreprise ne cesse de grossir. Ils ne font pas la révolution. Pas même la grève. Ils sont simplement dé-mo-ti-vés. Certains sortent du système. D'autres traînent les pieds ou s'investissent ailleurs. Mais tous rejettent des boulots qui ne leur offrent plus de sens. Une enquête surprenante qui explique pourquoi, en France aujourd'hui, un livre intitulé *Bonjour paresse* arrive en tête des ventes.

Il est 18 heures. Dans le jardin du pavillon de banlieue de son père, à Antony, Minh peut entendre le grondement des RER qui charrient leur lot quotidien de travailleurs en transit. Aujourd'hui, comme hier, Minh, 31 ans, n'ira pas au bureau. Cela fait un an que, faute de salaire mensuel, il a laissé tomber son appartement parisien pour revenir habiter chez son père. Celui-ci, qui a trimé toute sa vie comme ingénieur, ne comprend toujours pas. On pourrait prendre Minh pour un Tanguy attardé qui renâclerait à quitter le nid. Un fumiste. Pas du tout. Il y a peu encore, fraîchement diplômé de Sup de Co-Rouen, le jeune homme incarnait au bouton de manchette près le parfait jeune cadre dynamique. Le genre à lire *Les Échos* le matin, le genre beau parleur, CV en béton, avec stage chez Arthur Andersen et tout le tintouin. Il avait été embauché chez LVMH. Un salaire confortable, des voyages. La classe. Puis la machine s'est enrayée. *« À un moment, on comprend que le but du jeu c'est vendre du cognac et de maximiser les profits. Et niquer les autres pour avoir son avancement. Quel intérêt ? »* Alors, après quatre ans, il a démissionné. Ses supérieurs ont sorti le grand jeu pour le retenir. Rien n'y a fait. Avec ses économies – *« je bossais tellement que je n'avais même plus le temps de dépenser ! »* –, il est parti en congé sabbatique, six mois, en Amérique latine. De retour en France, il se résigne à rechercher un job. Va pour le marketing puisque c'est sa spécialité. Son profil intéresse L'Oréal. Entretien d'embauche : *« C'était un vendredi. On a terminé à 20 heures. Il y avait encore des cadres devant leur ordinateur. J'ai eu un flash. C'était le même blabla que LVMH sauf qu'il s'agissait de vendre des shampoings. J'ai dit stop. »*

Minh n'a rien d'un cas exceptionnel. Comme lui, ils sont de plus en plus nombreux à rejoindre la rébellion antiboulot. Une troupe de révoltés, le plus souvent passive, et qui ne cesse de grossir. S'y retrouvent la tribu des trentenaires rompus à la précarité et au déclassement (30 % des salariés s'estiment, selon l'Insee, surdiplômés par rapport au poste qu'ils occupent), la cohorte des débutants qui n'arrivent pas à débuter, les abonnés à l'ANPE. Il y a aussi les HEC et les polytechniciens, ces élites chouchoutées qui se contrefichent des grandes entreprises et se précipitent vers l'associatif, le service public ou préfèrent filer à l'étranger. Un signe : la chaire « entrepreneuriat social » de l'Essec et le forum humanitaire de HEC n'ont jamais connu un tel succès.

« Nous constatons une mise à distance, un regard critique sur l'entreprise chez l'ensemble des jeunes », assure Pascale Levet, responsable du Lab'Ho, l'organisme d'études de la société d'intérim Adecco. Et les quadras ne sont pas en reste. Peut-être même sont-ils les plus désa-busés. Prenez Catherine, 40 ans, travaillant dans le milieu glamour et convoité de l'édition. En rupture de banc, elle a refusé un CDI et préfère multiplier CDD et missions en free-lance : *« La carrière, la grande entreprise, très peu pour moi. »* Dans le lot, il y a même des cadres sup écœurés d'être vendus avec les meubles à chaque fusion, surtout lorsqu'ils voient leurs patrons se faire la malle avec des golden parachutes et des retraites béton.

Faites un rapide sondage autour de vous. Les antiboulots sont partout, et ils n'ont jamais été aussi nombreux ! Ils vous expliquent qu'ils s'ennuient au bureau. Se fichent royalement des plans de carrière et de leur CV. Prônent l'IVC, l'Interruption volontaire de Contrat : départ en congé sabbatique, formation pour une reconversion…

Signe des temps. Le best-seller de la rentrée s'appelle *Bonjour paresse*, un pamphlet signé Corinne Maier, 40 ans, psychanalyste et cadre rebelle d'EDF. Initialement tiré à 4 000 exemplaires, le livre a déjà dépassé les 10 0000 en France et va sortir en Grande-Bretagne, en Espagne, aux États-Unis, en Corée, au Japon, etc. Du jamais-vu ! La voilà aujourd'hui sacrée par la presse internationale comme une icône de la contre-culture, la Michael Moore des machines à café.

En exhortant les cadres à se servir de l'entreprise comme elle se sert d'eux, Corinne Maier a fait mouche. *Bonjour paresse* est devenu le manifeste des révoltés du boulot. Chacun, cadre ou non, salarié ou chômeur, s'y reconnaît et s'y retrouve, moins isolé qu'il n'aurait cru. *« J'ai respiré en découvrant que Damien n'était pas le seul à fuir le monde du travail ! »*, confesse cette mère d'un jeune Sup de Co. Bien sûr, on avait déjà eu le cultissime *Droit à la paresse*, de Paul Lafargue, ou les *« prisonniers du boulot »*, d'Henri Salvador, en passant par l'ineffable et suranné Gaston Lagaffe. Mais jamais la thématique antiboulot n'a été aussi tendance. Exit l'entreprise triomphante et paillettes des années 1980. Ringard le jeune cadre qui se défonce au bureau !

« L'Horreur économique », version Viviane Forrester, le harcèlement moral sont passés par là. Les scandales Enron, Vivendi aussi. Aujourd'hui, ce sont les livres anti-entreprise, les pamphlets altermondialistes - même les plus ardus - qui se vendent comme des petits pains. À Montpellier s'est même tenu en mai dernier un festival des films antiboulot ! *« C'est le pendant naturel de l'intensification de travail à laquelle sont soumis les salariés »*, explique Michel Gollac, chercheur au Centre d'études de l'emploi et coauteur d'une vaste enquête parue l'an passé sur le bonheur au travail.

On entend déjà les divas libéralo-libérales entonner le refrain bien connu : *« Il faut remettre la France au travail. C'est la faute aux 35 heures ! »* Les Français seraient devenus flemmards ! Paresseux ! Pas si simple. Si Catherine la CDDiste refuse le moule, ce n'est pas pour se la couler douce : *« Je gagne moins qu'avant et je travaille bien plus. Mais au moins je n'ai pas de hiérarchie absurde à respecter. L'entreprise érige l'inefficacité en règle de fonctionnement. »* Son compagnon vient d'ailleurs à son tour de lui emboîter le pas, réalisant que *« l'entreprise n'avait plus rien à lui apporter »*.

Phénomène de mode ? Diabolisation de la méchante multinationale ? Peut-être, mais Michel Gollac constate : *« Dans les enquêtes européennes, la France est toujours mal placée pour les conditions de travail. Nos entreprises ont de gros problèmes d'organisation. Elles soumettent leurs salariés à des injonctions contradictoires, des demandes irréalistes particulièrement insupportables. »* Nos grands managers voudraient rationaliser, mais nombre d'entre eux restent, dans le fond, vaguement allergiques aux préceptes et à la langue anglo-saxonne. La mondialisation avance pour le meilleur ou pour le pire, y compris chez nous, mais elle s'accommode mal avec certains de nos particularismes locaux. Notamment *« une hiérarchie encore traditionaliste qui ne sait pas déléguer. Sans compter l'absence de développement personnel, de formation, d'évolution »*, explique Douglas Rosane, directeur en France du cabinet américain ISR (International Survey Research), qui établit des comparaisons internationales. Et Corinne Maier d'enfoncer le clou : *« Depuis Louis XIV, rien n'a changé. »*

Évidemment, la complainte des antiboulots peut apparaître comme paradoxale dans un pays où le taux de chômage est l'un des plus élevés d'Europe et la durée hebdomadaire du travail, la plus courte. Mais, en fait, là se trouve bien la racine du mal. *« CDI ou pas CDI, on est tous en sursis. On sait qu'on peut être viré du jour au lendemain. Comment, dans ces conditions, voulez-vous vous épanouir dans votre boulot ? »*, dit cette salariée désabusée. Comment s'investir dans une carrière quand débuter est devenu un parcours du combattant et durer, une gageure ? Antijeunes, les entreprises sont également allergiques aux « vieux » : jetés comme des Kleenex dès 55 ans, c'est en France que les seniors travaillent le moins !

« Travaille dur et tu réussiras. » C'est ce que le patron paternaliste de l'entreprise familiale à l'ancienne promettait à ses salariés : une carrière à long terme, de l'avancement. À l'époque, c'était donnant-donnant. Plus maintenant. Le contrat social a explosé. Vous n'avez pas les bons diplômes, les bons réseaux ? Dommage, il n'y a plus de place à la table des nantis : *« L'ascenseur social n'existe plus. Si vous n'avez pas tous les atouts dans votre manche, vous n'avez aucune chance »*, raconte Patrick Lemattre, professeur à HEC et consultant.

Le cynisme brutal affiché par certains dirigeants, comme Patrick Le Lay, l'auteur de la désormais célèbre épître *« TF1 vend du temps de cerveau disponible à Coca-Cola »*, n'arrange sans doute rien. Mais au moins sa définition du business a le mérite de la clarté. Le vocabulaire affectionné par les entreprises n'est pas plus délicat. « Réduction des centres de coût » (= licencier), « allocation ressource » (= où placer les salariés). Et certaines équations font franchement froid dans le dos : dans les devis des multinationales, on calcule en jour/homme les coûts de production, on troque l'ingénieur roumain contre l'informaticien indien, ou l'ouvrier tunisien contre le chinois. Bel humanisme !

Comment continuer à mettre du sien dans une entreprise qui vous nie en tant qu'individu ? Sylvie Claudot, 33 ans, ex-chargée d'études dans une boîte de conseil à Lyon, raconte : *« Je ne me sentais pas considérée comme une personne mais comme une ressource. On me faisait sentir que j'étais remplaçable du jour au lendemain. »* Elle a démissionné pour devenir institutrice. Comme elle, de plus en plus de salariés ne supportent plus de trimer pour des entreprises qui s'enivrent de *share holder value*, la sacro-sainte plus-value pour l'actionnaire, se dopent aux mégafusions et s'enflamment pour de lointains fonds de pension.

Les rebelles du boulot fleurissent partout sur la planète – du moins dans les pays développés, qui peuvent s'offrir ce luxe, mais nous sommes les quasi-recordmen mondiaux de la démotivation. Dans le classement réalisé par ISR, la France arrive, pour ce qui est de la satisfaction au travail, au huitième rang des dix pays les plus riches. La CFDT et la CGC-PME, qui auscultent régulièrement le moral des cadres, livrent depuis quelques années des chiffres franchement alarmants. Ainsi 87 % des cadres, ceux qui par principe devraient être les plus impliqués, ne se sentent pas associés aux choix de leur entreprise, et 62 % jugent faible ou inexistante la gestion de leur carrière.

Le torchon brûle entre employeurs et employés. D'autant qu'en France la méfiance envers l'entreprise est atavique. Selon un récent sondage de la Sofres, 62 % des Américains pensent que la plupart des entreprises se comportent de façon éthique et responsable, contre seulement 38 % de Français ! Il y a bien eu le bref intermède de la bulle internet. Parenthèse enchantée pendant laquelle les jeunes entrepreneurs s'enflammaient pour le « Mai-68 de l'économie ». L'entreprise des copains, sympa, humaniste, où démocratiquement chaque employé, du salarié au PDG, recevrait généreusement sa manne de stock-options ! Plus dure a été la chute : les désillusionnés, rentrés depuis dans le bercail des grosses entreprises, ont du mal à avaler la pilule. Selon un baromètre mis sur pied par le syndicat CFE-CGC, 43 % des cadres affirment accomplir des tâches contraires à leur éthique personnelle dans le cadre de leur travail.

Idéaliste, Jean, commercial à Chambéry, 31 ans, rêvait d'une entreprise égalitaire où les bénéfices seraient équitablement partagés. Il y a cru. Presque. Dans une petite société d'études qui voulait l'engager après sept mois de CDD. Le patron *« lisait* Libé, *se la jouait social »*. Un idéal vite terni. *« Quand j'ai vu les écarts de salaires, complètement arbitraires, cela m'a fait péter les plombs. Ce qui comptait en fait, c'était l'intérêt du patron lui-même, c'est tout ! »* Alors il a refusé le fameux CDI. Dieu sait pourtant qu'il rêvait d'un boulot stable. Depuis la fin de son DESS, en 1999, Jean avait cumulé les CDD *« où l'on vous colle dans un coin en poussant les cartons »*, et autant de périodes de chômage : *« J'aurais bien aimé m'investir dans un projet à long terme, mais pas dans ces conditions… »* Après six mois de chômage, il a enfin trouvé le Graal : un boulot de prof de BTS, où au moins *« il se sent utile »*.

Ah ! se sentir utile ! Comme Jean, de plus en plus de pionniers décident de quitter des jobs apparemment enviables pour des boulots moins payés mais porteurs de sens. Ainsi à l'IUFM de Lyon, qui forme aux concours du professorat, on croule sous les candidatures. Il a fallu doubler les effectifs de classes, avec 170 places cette année, mais vu l'engouement les inscriptions étaient déjà closes au bout d'un mois ! Sur les bancs des aspirants profs, on trouve des ingénieurs, des banquiers, des cadres commerciaux. Tous désabusés. Tous prêts à faire une croix sur primes et bonus pour enfin *« servir à quelque chose »*. Aux côtés de cette minorité grandissante de rebelles, il y a aussi la grande majorité silencieuse des révoltés, celle qui continue à faire semblant.

Corinne Maier explique : « *Tous mes amis qui font des "vrais" métiers – prof, avocat, peintre – sont heureux, même si parfois c'est la galère ils ne regrettent pas ; ceux qui travaillent dans les grandes boîtes s'ennuient, n'y croient pas.* » En fait, ils rêvent eux aussi de passer le cap. De faire leur révolution culturelle. Sandrine Bugegat, ex-conseillère au Crédit agricole, témoigne : « *Je détestais mon métier, et j'ai mis du temps à penser à ma reconversion. Aujourd'hui, tous mes collègues m'envient. Parlent de devenir kiné, aide-éducateur.* » Même Catherine, la précaire assumée, fait fantasmer ses amis salariés avec ses CDD ! « *Ma liberté les fait bisquer. Et finalement je ne me sens pas plus précaire qu'eux : mes collègues en poste stressent tous d'être dans le prochain plan de licenciement. Sans compter les quinquas licenciés : eux ne se caseront jamais parce que leur boîte les avait mis sur la touche depuis longtemps...* »

Alors, en attendant, l'antiboulot, retranché dans son bureau, se met en pilote automatique. Pas question de s'investir affectivement dans l'entreprise. « *À LVMH, on faisait des séminaires, on jouait au golf, cool, en polo, sans cravate. C'était juste histoire de te bourrer le crâne. Plus personne n'est dupe !* », dit Minh. Idem pour Jean le Savoyard : « *Se défoncer pour une grande entreprise, c'est trop con ! Tu es sûr de te faire avoir !* » Un discours que les chefs d'entreprise préfèrent ignorer. « *Pour provoquer un choc salutaire, leur faire comprendre ce qui se passe dans la tête de leurs salariés, je donne à lire aux patrons* Bonjour Paresse, explique Patrick Lemattre. *Souvent en vain, car ils n'acceptent pas le débat. À leurs yeux, remettre en cause l'entreprise c'est être un mécréant !* » Bon nombre de patrons préfèrent se gargariser de discours sur l'éthique, le développement durable, la quête de sens dans des rapports annuels dodus bourrés de tableaux. Les publicitaires et les cabinets de conseil se frottent les mains. Les salariés, eux, ne voient rien venir. Mais gare ! Le jour où nous serons tous des antiboulots, qui fera donc tourner notre économie ?

Arnaud Gonzague, Doan Bui, Véronique Radier
D'après *Le Nouvel Observateur* n° 2081, 23 septembre 2004.

activité 62 **Répondez aux questions.**

1. Le texte est un article qui informe :
   ❑ d'un événement
   ❑ d'un fait de société
   ❑ de la sortie d'un livre

2. Les auteurs informent et
   ❑ donnent clairement leur point de vue
   ❑ restent toujours neutres
   ❑ laissent parfois apparaître leur opinion

3. Le lecteur est parfois interpellé pour valider l'information donnée.
   ❑ vrai
   ❑ faux
   Justification : ....

activité 63 Les sources de l'information

Un texte est un texte informatif s'il s'appuie sur des sources de nature diverses et variées.

1. Relevez dans le texte un exemple pour chaque source mentionnée ci-dessous. Citez le texte.

a. Un témoignage « .... »
b. Une information chiffrée « .... »
c. Un avis d'expert « .... »
d. Une référence à un ouvrage « .... »

2. Trouvez l'utilité de chaque source. Reliez les sources à leur fonction.

Des sources	**qui**	**ont une utilité.**
Des témoignages	•	• donnent du crédit aux analyses des journalistes.
Des chiffres	•	• montrent que les intellectuels se sont eux aussi penchés sur la question.
Des avis d'experts	•	• rendent l'article plus ancré dans la réalité des citoyens.
Des références à des ouvrages	•	• viennent appuyer l'information en lui donnant une objectivité incontestable.

activité 64 Que signifient les sigles ?

1. Certains sigles du texte sont explicitement expliqués par les auteurs de l'article, comme par exemple : « IVC, l'Interruption Volontaire de Contrat : départ en congé sabbatique… » (Il s'agit d'un sigle inventé pour les besoins de l'article, c'est un jeu de mots qui fait référence à l'IVG : Interruption Volontaire de Grossesse.)

2. Devinez leur sens en fonction du contexte. Dites ce à quoi renvoie chaque sigle, complétez le tableau.

1. CDD
2. CFE-CGC
3. HEC
4. DESS
5. RER
6. EDF
7. TF1

a. une grande école
b. une qualification
c. une grande entreprise d'électricité
d. une chaîne de télévision
e. un syndicat
f. un contrat
g. un train de banlieue

1.	2.	3.	4.	5.	6.	7.
f.	……	……	……	……	……	……

activité 65 Retrouvez dans le texte les mots ou les expressions qui signifient :

a. ne pas se fatiguer : ……………………………………………………………
b. insister : ……………………………………………………………
c. renoncer à : ……………………………………………………………
d. le travail : ……………………………………………………………
e. partir : ……………………………………………………………
f. démodé : ……………………………………………………………
g. l'entreprise : ……………………………………………………………

activité 66 Expliquez avec vos propres mots les expressions suivantes.

a. « […] Qui se vendent comme des petits pains » :
……………………………………………………………
……………………………………………………………

b. « [elle] refuse le moule »

....

....

c. « [les vieux] jetés comme des Kleenex »

....

....

d. « [À l'époque,] c'était donnant-donnant »

....

....

e. « [certaines équations] font franchement froid dans le dos »

....

....

f. « Le torchon brûle [entre employés et employeurs] »

....

....

g. « [les désillusionnés] ont du mal à avaler la pilule »

....

....

h. « cela m'a fait péter les plombs »

....

....

DOCUMENT N° 5

Si vous voulez découvrir la jeune création artistique cherchez-la plutôt hors des circuits institutionnels. Des amateurs éclairés l'exposent dans leur propre appartement et installent ainsi le monde de l'art dans une séduisante convivialité.

Des particuliers, souvent artistes eux-mêmes ou proches du monde de l'art contemporain, depuis quelques années, ouvrent leurs portes et proposent leurs intérieurs comme lieu d'exposition aux jeunes artistes. Cette idée leur est venue suite à une envie qu'ils décident de réaliser. En effet, ils ont eu envie de vivre un temps au milieu d'œuvres qu'ils aiment et admirent, de pourvoir les côtoyer longuement et les inscrire dans leur quotidien contrairement à ce qui se passe dans une galerie où l'approche des œuvres est plus superficielle et rapide. Ainsi en 1998, Jérôme Rappanello, vidéaste et photographe, décide d'exposer chez lui, comme il l'explique *« d'abord par envie de connaître d'autres artistes »*. Dans son 35 m^2 à Belleville il expose à ce moment-là plusieurs œuvres. Sur son lit, Sarah Roshem installe un couple en cire ; pendant plusieurs semaines, il utilise dans sa salle de bains, les sculptures en savon de Roland Schär...

Au préalable, il faut s'entendre avec les artistes pour que les meubles soient peu déplacés et que l'espace reste viable au quotidien. Jérôme Rappanello a pris beaucoup de plaisir à cette aventure mais reconnaît que l'exposition d'autres œuvres que les siennes *« peut nuire à sa propre créativité »* et que l'organisation des vernissages, des invitations (par e. mail) et de l'accrochage n'est pas simple.

Espace privé et espace public

Tout au long de l'année, chez Console, ancienne usine du 11e transformée en appartement, Muriel Colin invite des artistes novateurs à faire partager leurs expérimentations. Ainsi le public est convié à découvrir les objets de Laetitia Bourget, Aude Tincelet, Julien Thèves, Anne Laplantine... Détail à savoir : l'appartement est meublé de pièces uniques qui sont à vendre.

Il faut aussi se rendre au loft-galerie de Martine Camillieri et Bernd Richter. Il est devenu célèbre grâce à la présence d'artistes de choix et des performances remarquables qui s'y sont déroulées. C'est grâce à l'association « La Périphérie » qu'ils ont ouvert cet espace afin d'aider les jeunes créateurs à se faire connaître. Ils ne sont ni galeristes ni mécènes, mais ils sont arrivés à acquérir une visibilité auprès des professionnels. À noter, ils ne touchent pas un centime sur la vente des œuvres.

Le carré VIP

À Saint-Germain-des-Prés, l'incognito Artclub permet, grâce à une carte magnétique, un accès à la galerie 24h/24, histoire de s'approprier le lieu plus intimement, d'avoir l'impression d'être chez soi. On peut même s'offrir la Platinium Card (pour 1500 euros mais à valoir sur une œuvre acquise dans l'année), designed by... Armleder ou Ben ! Jusqu'au 6 juin, Incognito Artclub expose des œuvres d'Ingrid Luche « Perros, gossos, chiens, dogs » : plus dix chiens dessinés ou peints sont alignés au mur sur une frise. Entre le 18 et le 20 juin, des artistes issus de stencil Project, qui réunit une centaine de pochoiristes de toute la planète sont les invités dans ce lieu. Le tout prendra fin le 20 juin au Nouveau Casino pour une grande soirée. Et vous pensez toujours que l'art contemporain n'est pas convivial ?

D. R.

activité 67 **Trouvez un titre au texte.**

❑ Des galeries à part
❑ L'art comme à la maison
❑ Des œuvres en location

activité 68 **Cochez la case qui convient et justifiez votre réponse quand on vous le demande.**

a. Les personnes qui accueillent les œuvres chez elles le font surtout pour :
❑ se faire plaisir
❑ aider les artistes
❑ gagner de l'argent
Justification : ....
....

b. Ces personnes sont déjà initiées à la création artistique.
❑ vrai
❑ faux
Justification : ....
....

c. Elles doivent habiter un logement d'une grande surface.
❑ vrai
❑ faux
Justification : ....
....

d. L'installation des œuvres suppose de réaménager les appartements.
❑ vrai
❑ faux
Justification : ....
....

e. Pour les habitants, l'accueil des œuvres ne présente que des avantages.

❏ vrai

❏ faux

Justification : ....

....

f. Les artistes présentés sont peu connus des professionnels de l'art.

❏ vrai

❏ faux

Justification : ....

....

activité 69 **1. Les exemples**

a. Relevez deux exemples d'œuvres exposées.

....

....

....

b. Ces exemples montrent que les œuvres présentées dans ces lieux sont :

❏ conventionnelles

❏ hors du commun

❏ classiques

❏ de grande valeur

2. L'auteur s'adresse à des lecteurs.

a. Relevez dans l'article la phrase dans laquelle l'auteur interpelle les lecteurs.

....

....

b. En tant que lecteur, comment comprenez-vous cette phrase ?

....

....

....

DOCUMENT N° 6

Rachid Taha : c'est qui, lui ?

Depuis bientôt vingt-cinq ans, d'abord avec le groupe Carte de séjour puis en solitaire, Rachid Taha a été de ceux qui ont contribué à bouleverser le monde musical en France. Il fut le premier parmi les fils d'immigrés à se servir du rock en le rapprochant des musiques électroniques et des chants traditionnels. Algérien d'origine, né à Oran, Rachid Taha vit en France depuis la fin des années 1960. Sa voix est rocailleuse, farouche, hérissée. Ses textes dénoncent souvent l'intolérance, le racisme, l'intégrisme. Les chansons de *Tékitoi*, son dernier disque, mis à part un morceau, sont écrites en arabe. C'est toujours le célébrissime producteur anglais Steve Hillage qui est aux commandes, et deux artistes sont invités de marque : Christian Olivier, le chanteur des

Têtes Raides, et le légendaire Brian Eno. L'album a été enregistré entre Paris, Londres et Le Caire : Rachid Taha, c'est la musique comme une histoire de migrations.

C'est au début des années 1980, à l'occasion d'une poussée de fièvre sur la question de l'immigration, que le jeune homme apparaît sur la scène rock hexagonale. À cette époque, il croise ses futurs compères : « En 1982, j'ai rencontré en usine deux frères qui jouaient de la guitare. Moi, j'écrivais des poèmes. J'ai chanté quelques trucs sur leurs musiques, et voilà. » Le groupe qu'ils forment se trouve un nom en lien direct avec l'actualité : Carte de séjour. Un producteur passe par là. Résultat : un maxi 45 tours de quatre titres. Succès d'estime. Un an plus tard, Carte de séjour sort son premier véritable disque, *Rhorhomanie* : bonnes critiques mais ventes modestes. Carte de séjour ne baisse pas les bras et part au contact du public, multipliant concerts, rassemblements militants, fêtes « branchées ». En 1985, parution d'un nouvel album baptisé *Deux et demi*, avec un titre surprise : *Douce France*, repris de Charles Trenet et réorchestré avec des sonorités arabes. Le titre paraît alors que la droite flirte ouvertement avec son extrême. Les députés de gauche s'en emparent et distribuent le disque à l'Assemblée nationale : tapage médiatique garanti. Carte de Séjour va vendre beaucoup d'albums. La chanson, victime de son succès, cachera tous les autres morceaux du disque chantés en arabe. Carte de séjour, piégé par sa propre audace, traînera cette chanson comme un boulet. D'ailleurs, Rachid Taha a toujours avoué n'avoir jamais rencontré celui qui lui a donné l'occasion de ce premier succès : « J'ai lu des interviews de Charles Trenet : je n'ai aucune sympathie pour lui… »

Finalement, Rachid Taha, au début des années 1990, entame une carrière solo. Cela donnera, *grosso modo*, des mélanges de techno et de cette musique rock-arabo-militante qui fait battre son cœur. Se succéderont *Barbès* en 1991, puis *Olé Olé* en 1995, qui constitue le virage « électro ». La critique est enthousiaste mais le public pas au rendez-vous. En 1998 paraît *Diwan*, le disque du retour aux sources : une série de reprises de classiques de la chanson arabe qui ont bercé l'enfance de Rachid. Le succès est immédiat. La maison Polygram profite de l'occasion pour monter le concert *1, 2, 3 soleil* avec les deux autres vedettes de la maison : Khaled et Faudel. En 2000 sort l'album *Made in Medina*, célébré par la critique, où Taha réussit une nouvelle fois à mélanger rock, électro et tradition. Un album qui lui vaut l'attribution du meilleur album de World Music aux Victoires de la Musique 2001.

Il aura fallu attendre quatre ans pour que sorte le très rock *Tekitoi*. La voix éraillée n'a rien perdu de sa vigueur. Cette fois, le ton est plus ferme, les attaques contre l'intolérance plus acerbes : « J'aime le son rock, j'aime les sonorités sales. Avec ce nouvel album, je voulais me rapprocher encore plus du son *live*. Je voulais ce grain, cette brutalité… Je pense qu'on a plus ou moins réussi à le faire. Je suis content, mais remarquez… je ne le suis jamais complètement. »

CD : *Tékitoi* (Barclay).

Edmond Sadaka, *Le Français dans le monde*, n° 337, janvier-février 2005.

activité 70 Lisez le texte et répondez.

a. Rachid Taha interprète des chansons :

❑ romantiques
❑ engagées
❑ populaires

b. Pour Rachid Taha, le succès :

❑ a varié en fonction des titres
❑ a accompagné son début de carrière
❑ a toujours été au rendez-vous

c. L'auteur salue la beauté de sa voix.

❑ vrai
❑ faux

Justification : ....

d. Rachid Taha a suivi une formation musicale.
❑ vrai
❑ faux
Justification : ....

e. Avant d'être chanteur, quelle était sa profession ?
....

f. Rachid Taha jette sur son travail un regard plutôt :
❑ satisfait
❑ détaché
❑ exigeant

g. L'article présente :
❑ un parcours atypique
❑ une carrière parfaitement réglée
❑ un destin de star

activité 71 **Plusieurs éléments du texte donnent des informations sur la vie de cet artiste. Relevez les mots qui permettent de renseigner le lecteur sur :**

a. La chronologie de sa carrière
....
....
....
....

b. La présentation de ses « collaborateurs »
....
....
....
....

c. Les particularités musicales du chanteur
....
....
....
....

d. Ses différents albums
....
....
....

e. L'accueil réservé à ses chansons
....
....
....

activité 72 **a.** Rachid Taha fait une reprise de la chanson *Douce France*, car il se sent proche des idées de l'interprète de la chanson d'origine.

❏ vrai

❏ faux

Justification : ....

b. Comment comprenez-vous la phrase suivante ?
« Carte de séjour, piégé par sa propre audace, traînera cette chanson comme un boulet. »

....

....

....

2- Lire un texte argumentatif

DOCUMENT N° 7

Réhabiliter le métier d'enseignant

Comme la grippe, les attaques visant le monde enseignant reviennent chaque année à la même époque. Jeune dans la profession, je refuse de subir l'injure d'opinions mal éclairées qui n'illustrent que leur profonde méconnaissance [...]. Quelle malhonnêteté intellectuelle de critiquer sans réellement savoir ! Deux exemples, plutôt qu'une longue argumentation, pour le montrer. 1) Un cours de soutien avec dix élèves égale une heure d'absolue tranquillité pour le professeur ? Non, mesdames, messieurs : c'est au contraire dix fois plus de travail (et bien volontiers assumé), car on prépare, à l'avance, une aide adaptée à chacun de ces dix enfants. 2) Une correction de contrôle égale une heure de quiétude pendant laquelle on récite sempiternellement les réponses justes ? Évidemment ! Sauf que les difficultés d'une classe ne sont pas nécessairement identiques à celles d'une autre, et qu'à l'intérieur d'une même classe il faut savoir proposer (avec bonheur) des exercices toujours différents en fonction des réponses erronées de pratiquement chaque élève ! Pitié ! Rengainez votre aigreur !

Guillaume Lebourdon, Mayotte.
Marianne, 4-10 décembre 2004.
Rubrique « Journal des lecteurs »

activité 73 **Lisez le texte. Indiquez la bonne réponse et justifiez-la en citant le texte lorsqu'on vous le demande.**

a. Guillaume Lebourdon est :

❏ journaliste

❏ parent d'élèves

❏ professeur

b. Dans ce texte il s'adresse :

❑ aux parents d'élèves
❑ à l'ensemble des lecteurs de *Marianne*
❑ aux professeurs

c. Il parle :

❑ en son nom
❑ au nom d'un groupe qu'il représente
Justification : ....

activité 74 **a.** Guillaume Lebourdon écrit en réaction à un fait. De quoi s'agit-il ?

....

b. L'auteur écrit pour :

❑ se défendre
❑ attaquer
❑ se protéger

c. Au début du texte, il compare « les attaques visant le monde enseignant » à :

❑ une fête
❑ une maladie
❑ une saison
Expliquez cette comparaison :
....
....
....

d. Guillaume Lebourdon pense que les auteurs de ces attaques connaissent bien la réalité du monde scolaire.

❑ vrai
❑ faux
Justification : . ...

e. Le texte se termine par :

❑ un ordre
❑ une réclamation
❑ une requête
Citez la phrase en question :
....
....
....

activité 75 **L'effet produit par le recours aux exemples**

Pour montrer aux gens qu'ils se trompent l'auteur choisit deux exemples. Quels sont les mots que vous choisiriez pour qualifier sa démarche ?

a. Lisez cette liste. Choisissez dans la liste les mots qui vous semblent convenir le mieux. Entourez-les.
efficace / théorique / concrète / remplie de préjugés / pleine de certitude / abstraite / ennuyeuse / démonstrative / scientifique / objective / savante / simple / intelligente

b. Quels autres qualificatifs pourrait-on donner à son approche ? Trouvez vos propres mots.

– ....

– ....

– ....

– ....

activité 76 La structure des exemples

Relisez le texte et retrouvez les deux exemples.
Relevez-les et notez-les de façon à remplir les schémas suivants.
Exemple 1

....

....

....

Exemple 2

....

....

....

activité 77 Analyser la structure des exemples

a. Les questions :
- ❑ sont celles que se pose l'auteur
- ❑ reprennent les certitudes de ses opposants
- ❑ proviennent de spécialistes de l'enseignement

b. Les deux exemples s'appuient sur un reproche fait aux enseignants :
- ❑ leur distraction
- ❑ leur indifférence
- ❑ leur paresse

Relevez dans chaque exemple les mots qui illustrent ce reproche.

....

....

c. Dans ses réponses, Guillaume Lebourdon est hésitant.

❏ vrai

❏ faux

Citez deux mots pour justifier votre réponse.

Dans la première réponse : ....

Dans la seconde réponse : ....

d. Voici une liste de débuts de réponse possible. Dites à quel exemple chacun pourrait convenir pour remplacer la formulation choisie par l'auteur.

	Première réponse	**Seconde réponse**
Absolument, mais...		X
C'est absurde, en revanche...		
Naturellement, pourtant...		
Ça ne fait aucun doute, toutefois...		
C'est inexact, par contre...		

e. Les réponses argumentées de l'auteur agissent comme une démonstration mathématique. Relevez dans le texte les éléments qui sont empruntés à ce domaine.

....

....

DOCUMENT N° 8

Le rôle de sa vie

Une fan cherche l'amitié, impossible, d'une actrice célèbre. Un jeu de fascination bien mené et finement interprété.

Encore le petit monde du cinéma ? Oui, mais l'intrigue pourrait se dérouler ailleurs, partout où le pouvoir s'exerce, même sans le vouloir, et où la fascination naît, sans qu'on sache trop pourquoi. Claire (Karin Viard), pigiste au magazine *Elle*, raccompagne un soir dans sa voiture Élisabeth Becker (Agnès Jaoui), son actrice favorite, qui s'avère particulièrement désagréable. Elle est tout de même éblouie. Quelque temps après, elle se retrouve dans l'entourage d'Élisabeth et devient son…

Son quoi, au fait ? Son amie ? Non, même si elle le croit. Sa domestique ? Non plus, même si, par moments ça y ressemble. Une sorte de jeune nounou, peut-être, constamment en porte-à-faux. Et Karin Viard formidable (mais c'est presque un pléonasme) rend particulièrement émouvante et drôle la maladresse de Claire, son sourire de jeune chiot fidèle. Et sa surprise, lorsque, avec une rare mauvaise foi, Élisabeth l'accuse de s'être montrée « *trop familière* ». Trop familière ? Claire balbutie, alors, des excuses qui énervent d'autant plus Élisabeth qu'elle reproche à Claire de s'excuser pour n'importe quoi.

« Si l'on s'efface pour te regarder, ça ne te plaît pas, mais quand on essaie d'exister, ça ne te plaît pas non plus », lui dira Claire, bien plus tard. Comme bien des êtres doués d'un pouvoir qui les dépasse et, en un sens, les encombre, Élisabeth ne sait en effet pas ce qu'elle veut. Si : elle veut tout, puisque, à part la gloire, il lui semble n'avoir presque rien. Pas d'enfants. Des amants qu'elle choisit mal (Arnaud) ou qu'elle ne traite pas bien. Comme ce Mathias (Jonathan Zaccaï, très juste dans un rôle pas évident), tout embarrassé, lui, de devenir un pion comme un autre auprès de cette femme pas comme les autres, mais qui voudrait l'être. Ce que

filme Favrat, donc, c'est l'embarras, la maladresse de gens coincés dans leur rôle, au point de ne pouvoir vivre leur vie.
Une fan qui s'installe dans l'univers d'une star : on songe à *Ève*, bien sûr, et l'on aimerait, par instants, lorsqu'une certaine fadeur menace, que François Favrat emprunte à Joseph L. Mankiewicz un peu de sa fulgurance et de sa profondeur. Mais, en vérité, *Le Rôle de sa vie*, c'est *Ève* inversé : si Claire connaît le succès ce n'est pas par ambition, mais par son seul talent. Et c'est une humanité inattendue que va découvrir, au bout de son périple, la star narcissique. Bons sentiments ? Non, puisqu'on sent, à chaque scène ou presque, une violence rentrée qui affleure. Et des coups de griffe, apparemment indolores, mais qui font mal, après…

D'après *Télérama* n° 2840, Pierre Murat, 19 juin 2004.

activité 78 Quel « personnage » convient pour illustrer le point de vue exprimer dans cet article ? Cochez la case qui convient.

Bravo	Bien	Pas mal	Bof	Hélas

activité 79 **Trouvez la bonne réponse, justifiez votre réponse.**

a. Le jeu des acteurs est salué par l'auteur.

❑ vrai

❑ faux

Justification : ……………………………………………………………………

……………………………………………………………………………………

……………………………………………………………………………………

b. L'auteur reproche parfois au réalisateur une certaine platitude.

❑ vrai

❑ faux

Justification : . ……………………………………………………………………

……………………………………………………………………………………

……………………………………………………………………………………

c. L'auteur s'adresse à un public cinéphile.

❑ vrai

❑ faux

Justification : ……………………………………………………………………

……………………………………………………………………………………

……………………………………………………………………………………

activité 80 **Comment comprenez-vous ces phrases ?**

a. « Encore le petit monde du cinéma ? »

……………………………………………………………………………………

……………………………………………………………………………………

b. « Elle est tout de même éblouie. »

....

....

....

c. « Une sorte de jeune nounou, peut-être, constamment en porte-à-faux. »

....

....

....

d. « des êtres doués d'un pouvoir qui les dépasse et, en un sens, les encombre »

....

....

....

e. « cette femme pas comme les autres, mais qui voudrait l'être »

....

....

....

f. « la maladresse de gens coincés dans leur rôle, au point de ne pouvoir vivre leur vie »

....

....

....

DOCUMENT N° 9

UNE NOUVELLE COULEUR POUR LE DÉPARTEMENT

Pour vous comme pour nous, les questions environnementales sont devenues une préoccupation majeure. Notre qualité de vie continue de se dégrader : l'air et l'eau dont nous avons un besoin vital sont gravement pollués, le bruit nous assourdit. Les crises climatiques se succèdent et les accidents industriels, sanitaires et écologiques se multiplient. Il est clair que ces problèmes sont liés à des choix politiques, qui ont imposé une économie basée sur le marché et la loi du profit maximum. Les inégalités sociales qui en résultent, et que le gouvernement actuel aggrave, rendent des populations entières plus vulnérables. La démocratie est en panne. Dans une période de recul des politiques en matière d'écologie et de la liberté publique, dans une période de régression sociale, les Verts portent un projet de société qui rompt avec ces logiques mortifères : le monde n'est pas une marchandise. Recherchons le bien-être et la dignité de chacun, en mettant la solidarité au centre de nos démarches, et ayons le souci de préserver la planète !

C'est dans ce but que nous agissons sur le terrain, avec vous, au cœur des luttes. Mais il faut aussi se battre dans les institutions, afin d'imposer d'autres politiques publiques, de donner à la société la maîtrise de ses choix. Énergie, transport, éducation, santé… Notre vie quotidienne, comme l'avenir de nos enfants, en dépendent.

Il est grand temps que les Verts soient représentés au sein du Conseil général, pour donner un nouveau souffle au département. Pour y défendre un projet écologiste et solidaire, pour mener cette bataille, comptez sur nous.

ÉLECTIONS CANTONALES DES 21 ET 28 MARS 2004
Tristan Dulac

J'habite avec ma famille dans le quartier du Fort. Mes engagements veulent contribuer à la transformation de la société vers plus d'égalité, de fraternité et de solidarité. Je participe à travers mes différentes responsabilités associatives et mon travail d'enseignant à la construction d'un monde où chacun ait une place.

Adhérent des Verts depuis 1998, je me bats pour que la gauche, dans le département comme dans la ville, se transforme en prenant en compte les apports de l'écologie politique : refus du productivisme pour préserver les ressources rares, nouveaux rapports entre l'individu et la collectivité, respect de la diversité, démocratie participative.

Je me présente pour donner une nouvelle dynamique au canton et rompre avec la politique d'aménagement urbain menée par la municipalité.

Elle a laissé se dégrader les conditions de vie dans cette partie de notre ville, comme par exemple le quartier parisien qui est totalement laissé à l'abandon. Notre canton souffre d'une politique de court terme sans projets ambitieux, ni vision globale. Nous devons tous supporter le développement anarchique de la circulation, les projets sans lendemains et le manque de transparence. Sans plus attendre, il faut valoriser le grand nombre de terrains laissés à l'abandon, promouvoir du lien social et aider à la mobilité entre les quartiers, lutter contre les pollutions sonore, visuelle et atmosphérique et offrir aux jeunes un collège de qualité.

Je crois profondément que seule une gauche renouvelée et dynamique peut proposer un projet pour notre département et combattre efficacement la politique libérale du gouvernement de droite.

Vous pouvez compter sur moi pour agir en ce sens au sein de la gauche au Conseil général.

activité 81 Comprendre la fonction du texte

a. Où peut-on trouver ce texte ?

....

b. À qui s'adresse-t-il ?

....

c. Tristan Dulac est candidat à une élection :

❑ locale

❑ nationale

❑ européenne

Justification : . ...

d. Quelle est la nature du message dominant ?

❑ libérale

❑ écologique

❑ sociale

e. Au moment de cette élection, le parti des Verts est en accord avec le gouvernement.

❑ vrai

❑ faux

Justification : ....

activité 82 **Les deux textes présentés font partie d'un même document mais ils ont chacun une fonction différente.**

Complétez les phrases pour définir la fonction de chacun d'eux. Choisissez des mots dans la liste et faites les accords si besoin : *indication – parcours – élection – dresser – parti – citoyen – canton – ligne – mener – candidat – programme – négatif – justifier – privé – local – proposition.*

a. Le premier texte présente le .... politique du .... des Verts pour les .... cantonales. Il expose les grandes .... de l'action à .... au niveau national ou .... Dans ce texte une équipe .... s'adresse aux ....

b. Dans le second texte le .... se présente. Il donne des .... sur sa vie .... et parle de son .... militant. Il .... un bilan .... de la politique menée sur le .... et fait des .... pour .... sa candidature.

activité 83 **Observez les deux textes.**

Quels mots permettent de savoir que :
dans le premier texte, un groupe s'adresse aux citoyens ?

....

....

....

dans le second texte, un individu s'adresse aux citoyens ?

....

....

....

activité 84 **Expliquez avec vos propres mots les phrases extraites du premier texte.**

a. « La démocratie est en panne. »

....

....

....

b. « le monde n'est pas une marchandise »

....

....

....

c. « pour donner un nouveau souffle au département »

....

....

....

activité 85 a. Quelle est la structure du second texte ? Pour comprendre la démarche du candidat, dites en une phrase simple ce qu'il fait dans chaque paragraphe.

1er paragraphe : ....

2e paragraphe : ....

3e paragraphe : ....

b. Relevez dans le texte les verbes qui montrent la démarche militante du candidat. Classez-les en fonction de leur sens.

....

....

DOCUMENT N° 10

Paul Dupré
Hélène Lecœur
10 rue Marie-Curie
79 000 Niort
Tél. : 01 49 60 63 91

Cabinet Jean Lefèvre
5 rue Molière
79 000 Niort

Niort, le 18 janvier 2006

Objet : nuisance sonore.

Monsieur,

Par ce courrier nous souhaitons vous signaler les nuisances sonores dont nous sommes régulièrement victimes depuis notre installation dans l'appartement que nous louons par l'intermédiaire de votre agence.

En effet, notre voisin du dessous, M. Luc Martin, reçoit souvent des amis et lors de ces visites ils parlent et écoutent de la musique à fort volume au mépris des diverses interventions de notre part et de celles d'autres voisins (jusqu'au troisième étage).

Si nous nous décidons à vous écrire aujourd'hui, c'est que le week-end dernier encore nous n'avons pas eu une nuit tranquille : un voisin est intervenu vendredi soir (nous avions d'ailleurs appelé la police qui s'apprêtait à se déplacer) et dans la nuit de samedi à dimanche, le bruit a commencé vers deux heures du matin et n'a pas cessé de la nuit malgré des « coups de balai sur le plancher ». Nous songeons parfois à quitter cet appartement pour ce seul motif…

Espérant que votre intervention rétablira une meilleure cohabitation entre les habitants de l'immeuble, nous vous prions d'agréer, Monsieur, l'expression de nos respectueuses salutations.

Paul Dupré

activité 86 **Une lettre, pour quoi faire ?**
Indiquez les bonnes réponses (plusieurs réponses sont parfois possibles.)

a. Ce texte est un courrier par lequel les auteurs :

❑ annoncent un événement
❑ informent d'une situation
❑ demandent une intervention
❑ préviennent d'un danger

b. Les auteurs sont voisins de palier.
❑ vrai
❑ faux
Justification : ....

c. Le ton employé est :
❑ courtois
❑ sec
❑ ferme
❑ familier
❑ menaçant
❑ plaintif

activité 87 **a.** La lettre fait suite à un incident particulier.
❑ vrai
❑ faux
Justification : ....

b. Ce courrier apparaît comme :
❑ une démarche réfléchie
❑ un acte impulsif
❑ une demande désespérée
Justifiez votre réponse avec vos propres mots : ....
....

c. Citez les différentes démarches entreprises par Paul Dupré et Hélène Lecœur.
....
....
....

d. Les auteurs de la lettre envisagent :
❑ de faire expulser leur voisin
❑ de déménager
❑ de faire baisser le prix du loyer

DOCUMENT N° 11

1

Le verbe lire ne supporte pas l'impératif. Aversion qu'il partage avec quelques autres : le verbe « aimer »… le verbe « rêver »…
On peut toujours essayer, bien sûr. Allez-y : « Aime-moi ! » « Rêve ! » « Lis ! » « Lis ! Mais lis donc, bon sang, je t'ordonne de lire ! »
– Monte dans ta chambre et lis !
Résultat ?
Néant.

Il s'est endormi sur son livre. La fenêtre, tout à coup, lui a paru immensément ouverte sur quelque chose d'enviable. C'est par là qu'il s'est envolé. Pour échapper au livre. Mais c'est un sommeil vigilant : le livre reste ouvert devant lui. Pour peu que nous ouvrions la porte de sa chambre nous le trouverons assis à son bureau, sagement occupé à lire. Même si nous sommes montés à pas de loup, de la surface de son sommeil il nous aura entendu venir.
– Alors, ça te plaît ?
Il ne nous répondra pas non, ce serait un crime de lèse-majesté. Le livre est sacré, comment peut-on ne pas aimer lire ? Non, il nous dira que les descriptions sont trop longues.
Rassuré, nous rejoindrons notre poste de télévision. Il se peut même que cette réflexion suscite un passionnant débat entre nous et les autres nôtres...
– Il trouve les descriptions trop longues. il faut le comprendre, nous sommes au siècle de l'audiovisuel, évidemment, les romanciers du XIXe avaient tout à décrire...
– Ce n'est pas une raison pour le laisser sauter la moitié des pages !
...
Ne nous fatiguons pas, il s'est endormi.

2

D'autant plus inconcevable, cette aversion pour la lecture, si nous sommes d'une génération, d'un temps, d'un milieu, d'une famille où la tendance était plutôt à nous empêcher de lire.
– Mais arrête de lire, voyons, tu vas te crever les yeux !
– Sors plutôt jouer, il fait un temps superbe.
– Éteins ! Il est tard !
Oui, il faisait toujours trop beau pour lire, alors, et trop sombre la nuit.
Notez que lire ou ne pas lire, le verbe était déjà conjugué à l'impératif. Même au passé, on ne se refait pas. En sorte que lire était alors un acte subversif. À la découverte du roman s'ajoutait l'excitation de la désobéissance familiale. Double splendeur ! Ô le souvenir de ces heures de lectures chipées sous les couvertures à la lueur de la torche électrique ! Comme Anna Karénine galopait vite-vite vers son Vronski à ces heures de la nuit ! Ils s'aimaient ces deux-là, c'était beau, mais s'ils s'aimaient contre l'interdiction de lire, c'était encore meilleur ! Ils s'aimaient contre père et mère, ils s'aimaient contre le devoir de math à finir, contre la « préparation française » à rendre, contre la chambre à ranger, ils s'aimaient au lieu de passer à table, ils s'aimaient avant le dessert, ils se préféraient à la partie de foot et à la cueillette des champignons... ils s'étaient choisis et se préféraient à tout... Dieu de Dieu la belle amour !
Et que le roman était court.

Daniel Pennac, *Comme un roman*, © Éditions Gallimard.

activité 88 **Lisez les textes et répondez.**

a. Ces deux textes sont les premiers chapitres :
- ❑ d'un roman
- ❑ d'une étude sociologique
- ❑ d'un essai

b. Quel est le thème principal de ces textes ?

....

c. Relevez dans les textes les mots qui font directement référence à ce thème.

....

....

activité 89 Le point de vue de l'auteur

a. Répondez en cochant la (ou les) case(s) qui convienne(nt).
Le goût pour la lecture est, selon l'auteur, une question :

- ❑ de génération
- ❑ de caractère
- ❑ de temps
- ❑ d'époque
- ❑ de vocation

b. Dans le premier chapitre le narrateur[1] est :

- ❑ enfant
- ❑ adolescent
- ❑ adulte

c. Comment comprenez-vous la partie soulignée de cette phrase : « Il se peut même que cette réflexion suscite un passionnant débat entre <u>nous et les autres nôtres</u> » ?

....

....

....

d. Quels lecteurs sont amenés à s'identifier au point de vue de l'auteur ?

....

....

....

[1] Celui qui raconte l'histoire.

activité 90

1. Quel rapport l'auteur entretient-il avec la lecture ?

....

....

....

2. Il emploie un certain nombre d'expressions figées.
En vous aidant du contexte, trouvez une signification à chacune d'elles.

a. « Lis ! Mais lis donc, *bon sang*, je t'ordonne de lire ! »

....

....

....

b. « Même si nous sommes montés *à pas de loup*, de la surface de son sommeil il nous aura entendu venir. »

....

....

c. « Il ne nous répondra pas non, ce serait *un crime de lèse-majesté.* »

....

....

d. « *Dieu de Dieu* la belle amour ! »

....

....

....

activité 91 **a.** L'expression du point de vue passe par l'énonciation de vérités présentées comme indiscutables.

Relevez ces vérités.

1 ....

2 ....

Observez les verbes de ces phrases. Que remarquez-vous ?

....

b. Quel est le point commun entre les deux phrases ?

« Comme Anna Karénine galopait vite-vite vers son Vronski à ces heures de la nuit ! » et « Et que le roman était court. »

....

....

....

c. Expliquez les phrases avec vos propres mots.

« En sorte que le livre était un acte subversif. »

....

....

....

« [...] nous sommes au siècle de l'audiovisuel, évidemment, les romanciers du XIXe avaient tout à décrire... »

....

....

....

DOCUMENT N° 12

LA FAMILLE

21, rue Bienvenue

05 29 00 77 15

Menu le midi du mardi au vendredi : 8 €, 10 €, 12 €. Formules. Pendant plusieurs années, ce restaurant au cadre rustique, avec terrasse, fontaine, bassin entouré de plantes exotiques fut une belle et bonne adresse. Mais grand malheur l'établissement a changé de mains... et de cuisine. La carte, aux dires du nouveau propriétaire, s'est amincie. Elle paraît encore dix mille fois trop chargée. On y trouve tout – surtout du surgelé : des crustacés, des coquillages, des viandes blanches, rouges, des volailles, des poissons, du kangourou et de l'autruche ! Tout ce que l'on craignait se trouve dans notre assiette et dans un état pitoyable ! Les mots manquent. Banale morale de l'histoire : la restauration, c'est un métier.

LE SANS-PAREIL
8, rue du Pont
05 45 31 12 00
De 12h à 14h et de 19h30 à 23h. Plat du jour : 7 €. Carte de 13 € à 25 €. Tout est simple dans cette brasserie, la plus connue et la plus courue de la ville. La rigueur est constante dans le choix des produits. L'équipe est toujours efficace même lorsque l'on aborde le troisième service du déjeuner et que la salle et la terrasse sont bondées. Omniprésente, Janine oriente, installe chacun à la place qui lui convient. À la carte, comme dans les menus, ce sont toujours les classiques, cuisinés comme autrefois. Midi ou soir, potage et véritables hors-d'œuvre propres à toute brasserie qui se respecte : filets de harengs aux pommes de terre, andouillette grillée ou pieds de porc tièdes en vinaigrette, œufs et omelettes. Cela, c'est seulement pour se mettre en bouche. Les choses sérieuses commencent ensuite : au choix les spécialités, les cannellonis à l'italienne, les bourgognes ou les ris de veau en cassolette, les cervelles meunières, les belles pièces de viande (un superbe steak tartare) ou du poisson frais selon les arrivages. Pour une petite faim, les suggestions se divisent en deux : hareng, steak. Un endroit qui n'a pas son pareil.

BRASSERIE DU MARCHÉ
45, bd des Pyrénées
05 90 29 99 40
Ouvert jusqu'à 22h30/24h. Suggestions du jour de 7 € à 16 €. Carte de 20 € à 50 €. Plateau de fruits de mer de 17 € à 40 € (le royal). Une magnifique vue sur la chaîne des Pyrénées depuis cette splendide brasserie, dont la réputation n'est plus à faire. Ce point de vue, de sa terrasse, enchante les yeux. À l'intérieur, son atmosphère est très parisienne avec toutes ses boiseries en velours rouge. Le palais est aussi flatté : les plateaux de fruits de mer sont incontournables, grands classiques de la maison, ou les plats du chef bordelais, ses cochonnailles des Pyrénées, ses multiples salades, sa traditionnelle soupe de poissons, ses gambas grillées, sa tête de veau ravigote, ses tripes à la mode de Caen, son carré de veau jus de truffes, son chateaubriand et sa béarnaise, etc. Ou encore ses desserts qui s'offrent à votre regard dès votre arrivée, tartes maison et autres sucreries vous attendent sous une cloche. Alors, si vous êtes un inconditionnel de ce genre de brasserie, vous serez absolument conquis : les serveurs sont très titis parisiens, en classique gilet lie de vin, sympathique et professionnel à la fois.

D'après *Restaurants de nos régions,* D. R.

activité 92 a. Ces textes sont extraits :

❏ d'un journal
❏ d'un magazine
❏ d'un guide

b. L'auteur :

❏ conseille des restaurants qu'il apprécie
❏ donne son point de vue sur des restaurants de la ville
❏ présente des restaurants à la mode

activité 93 a. Ces critiques gastronomiques permettent aux clients de choisir un restaurant. Dites pour chaque restaurant s'il est conseillé ou déconseillé

nom du restaurant	conseillé	déconseillé
La Famille		
Le Sans-Pareil		
Brasserie du marché		

b. Pour chaque restaurant relevez la phrase qui permet de rendre compte du contenu de la critique.

La Famille

« .... »

Le Sans-Pareil

« .... »

Brasserie du marché

« .... »

activité 94 **a.** Complétez le tableau à l'aide de phrases relevées dans les textes.

	☹	😐	☺
Le décor	....	....	....
La cuisine	....	....	....
Le personnel	....	....	....

b. « Avoir le choix peut parfois être un avantage ou un inconvénient. » Citez un exemple du texte qui illustre cette affirmation.

« ....

.... »

ÉPREUVES TYPES

1- Lire un texte informatif

Terrains

Rites de passage

Les jours fériés sont souvent l'occasion de réunions festives. Mais les fêtes traditionnelles s'effacent au profit de rites plus modernes.

Juin et juillet sont là, bientôt suivis d'août, les mois *« des flons-flons, des valses musettes et de l'accordéon*[1] ». Des banderoles bariolées de drapeaux flottent au-dessus des entrées de tous les villages de France, d'un bord à l'autre de la route. Toutes y vont de leurs dates pour annoncer ici la fête de la Musique, là les feux de la Saint-Jean, le bal du 14 Juillet, ou encore les fêtes de la mer ou autres courses de vachettes : *« Venez ! C'est la fête. »*

Mais que fêtent-ils tous ? La plupart des gens ignorent ce que la plupart des fêtes valent et pourquoi certaines, plus que d'autres, s'accompagnent d'un jour de repos général si prisé par tous. Tentez de prendre rendez-vous ce jour-là, la réponse est implacable : *« Impossible, c'est férié. »* Dans les têtes de certains, que représente le jour de l'Ascension… à ne pas confondre avec celui de l'« Assomption » où certains s'attroupent autour des églises et font des pèlerinages ? Pourquoi, de ce jour « banal » de l'été, ne disent-ils pas tout simplement « le 15 août » comme tout le monde ? Eh bien non ! La fête n'est pas un temps banal dans la vie de l'homme. Le but profond de la fête est de faire accéder celui-ci au domaine de l'énergie transcendante et sacrée. Elle a un sens religieux. Par cette rupture avec la monotonie de l'existence, l'homme appelle la protection et la bénédiction de son dieu. Depuis la nuit des temps, la fête installe des rites à travers le calendrier annuel, s'appuyant essentiellement sur les rythmes et la production agricoles. Les feux de la Saint-Jean allumés lors du solstice d'été étaient réputés protecteurs des récoltes.

Les fêtes socialisent les hommes. Éléments primordiaux de la vie sociale, elles rassemblent et remettent régulièrement en contact les individus dispersés matériellement ou psychologiquement, chacun vaquant de son côté à son travail ou à ses occupations personnelles. Elles exercent les hommes à l'unanimité pour un temps donné, dans un état d'âme particulier. Le plus souvent, elles divertissent et sont occasions de réjouissances. Lors du 14 juillet, devenu fête nationale seulement en 1880 en souvenir de la prise de la Bastille (1789), symbole de la liberté, la soirée explose de feux d'artifices. Plus rares sont les fêtes qui soutiennent une tristesse collective. Aucun passant ne peut rester indifférent à la gravité solennelle des « chemins de Croix » des chrétiens espagnols ou italiens qui commémorent la passion du Christ.

Cependant, au fil des années, la signification profonde de la fête a évolué. *« La mondialisation et la laïcisation ne font qu'obscurcir la connaissance des fêtes »*, explique Nadine Cretin, chercheur et membre de la Société d'ethnologie française. *« Les guerres du XXe siècle ont été fatales. Le déplacement des hommes, partis sur le front, puis l'exode rural ont provoqué l'abandon de nombreuses pratiques festives en famille ou dans la communauté villageoise. »* Les incertitudes climatiques sont atténuées par l'utilisation d'engrais ou de techniques d'irrigation performantes. Les fêtes paroissiales, qui imploraient la protection du saint patron de la paroisse ou de la corporation locale, sont devenues le prétexte pour les communes à « magnifier leur image ». De plus, depuis les vingt dernières années, de nouveaux acteurs ont envahi le domaine des fêtes. Le commerce a créé de toutes pièces de nouveaux rites et on assiste à la Saint-Valentin, la fête des grands-mères ou du cinéma, la Gay Pride ou la Techno parade, fêtes très prisées de ceux qui revendiquent une identité ou une reconnaissance. Même si la signification et les prétextes évoluent, les hommes manifestent toujours leur besoin de faire une halte dans leur vie quotidienne et d'être ensemble. Dans la fête, il y a rencontre et partage. Belles fêtes à tous cet été.

Solange Roussier, *L'École des parents.*

1. Extrait de *Vesoul*, une chanson de Jacques Brel.

Pour en savoir plus : livre de Nadine Cretin

– *Fêtes et Traditions occidentales*, Que sais-je n° 3518, PUF, 1999.

– *Le Livre des Fêtes*, illustré par Dominique Thibault, coll. « Découverte Cadet », Gallimard, 1991 (malheureusement épuisé).

– *L'Inventaire des fêtes*, Larousse, (en préparation), printemps 2003.

Consulter aussi www.jours-fériés.com.

➤ Activité 95

1. Trouvez un titre au texte.

....

2. L'article s'appuie sur un constat. De quoi s'agit-il ?

....

➤ Activité 96

Cochez vrai ou faux. Justifiez votre réponse en citant un passage du texte.

	vrai	faux
1. Selon l'auteur, les Français ont une mauvaise connaissance de l'origine des jours fériés. Justification :		
2. La fête commémore aussi fréquemment un souvenir heureux qu'un sombre événement (ou souvenir ?). Justification :		
3. Malgré l'évolution de la société, les fêtes gardent le même sens. Justification :		

➤ Activité 97

Reformulation

Expliquez avec vos propres mots les phrases suivantes.

1. « La fête n'est pas un temps banal » :

....

....

....

2. « Depuis la nuit des temps, la fête installe des rites à travers le calendrier annuel » :

....

....

....

3. « Les hommes manifestent toujours leurs besoins de faire une halte dans leur vie quotidienne et d'être ensemble » :

....

....

....

2- Lire un texte argumentatif

Débats
Faut-il apprendre l'anglais dès l'école primaire ?

Après le rapport de la commission Thélot, François Fillon, ministre de l'Éducation nationale, a tranché. Au primaire, les élèves devront s'initier à une langue vivante. Pas forcément celle de Shakespeare.

Delphine Saubaber

Jacqueline Quéniart
Professeur agrégée d'anglais, membre de la commission Thélot

La commission Thélot [qui a chapeauté le « Grand débat national sur l'avenir de l'école »] a considéré que tous les élèves devaient apprendre, dès le CE2, « l'anglais de communication internationale » et que celui-ci devait faire partie du « socle commun de connaissances ».

Au sein de la commission, ce sont surtout les industriels, les universitaires, les parents et les hommes politiques qui ont défendu l'idée que l'anglais était devenu une compétence indispensable. Par le rôle qu'il joue en économie, dans les sciences, la technologie, la culture et les médias, il occupe une place à part parmi les langues étrangères. En France, 96 % des enfants le choisissent pendant leur scolarité.

Rendre son apprentissage obligatoire très tôt aiderait notre pays à retrouver son influence sur la scène mondiale, écornée par notre insuffisance en anglais. Une récente évaluation des compétences des élèves de 15 et 16 ans dans sept pays européens le montre : les résultats des Français sont nettement inférieurs à ceux des élèves des autres pays (Suède, Finlande, Norvège, Pays-Bas, Danemark et Espagne), où l'anglais est obligatoire dès le primaire. Depuis 1996, le niveau a baissé. Notre façon d'enseigner est en cause, trop axée sur la grammaire et l'écrit. Les élèves s'expriment peu, de peur de se tromper, surtout devant 30 élèves.

700 millions de personnes parlent anglais dans le monde. Or c'est la langue maternelle de moins de la moitié d'entre elles. S'inspirant de travaux menés par des chercheurs anglais à l'université de Vienne, en Autriche, les professeurs devraient abandonner l'idée d'enseigner une langue proche de la perfection des natifs. Ces travaux préconisent d'étudier l'anglais en usage dans la communication internationale, pour parvenir à distinguer ce qui est indispensable à l'oral de ce qui ne l'est pas. Par exemple, il n'est pas utile de s'acharner sur certaines erreurs typiques des élèves – confondre les pronoms « who » et « which », durcir la prononciation du « th »... Il faudrait repenser la façon d'enseigner l'« anglais international ». Il s'agirait, en fait, de déterminer ce qui serait évalué prioritairement dans le « socle commun ». Sans pour autant renoncer à présenter les cultures et les littératures qui fondent l'identité de la langue. L'aptitude à l'écoute, l'éducation de l'oreille, les stratégies de communication, la conscience linguistique ainsi développées prépareraient l'étude d'autres langues dès la cinquième.

Claude Hagège
Professeur au Collège de France, titulaire de la chaire de théorie linguistique

La proposition du gouvernement de rendre obligatoire l'apprentissage d'une langue vivante dès le primaire, pas forcément l'anglais, ne me satisfait pas. Parce qu'il est certain que les familles se précipiteront, de toute façon, sur l'anglais. Et il n'y a aucune raison de renforcer la suprématie anglophone. La vocation de l'école, c'est la transmission et l'innovation. C'est donc le plurilinguisme, l'apprentissage de deux langues étrangères, non d'une seule, qu'il faut promouvoir à l'école primaire. Je suis hostile à l'enseignement de l'anglais seul, comme c'est le cas dans les pays scandinaves, par exemple. Là-bas, cela peut se comprendre car la langue du pays n'est pas parlée hors des frontières, alors que le français a une vocation internationale très ancienne. L'Association des pays francophones réunit 50 pays aujourd'hui, ce qui veut dire qu'il y a des gens dans le monde qui voient dans notre langue un autre choix. La domination de l'anglais n'est donc pas inéluctable.

C'est d'ailleurs l'une des langues les plus difficiles à apprendre, pour nous qui parlons une langue romane. Plus que le russe ou l'arabe. L'anglais est « traître », avec son absence apparente d'inflexion et la grande quantité de mots monosyllabiques. Il est cousu d'idiomatismes, de difficultés phonétiques. En fait, comme le disait Churchill, « l'anglais est une langue très facile à parler mal ». C'est pourquoi le concept d'« anglais de communication internationale » laisse perplexe. Une langue est une langue. Et l'idéal, c'est de parler comme les natifs !

Pourquoi parler plusieurs langues le plus tôt possible ? Pour des raisons neurophysiologiques : à partir de 10-11 ans, les synapses, ces zones de contact entre les neurones, se sclérosent. Or elles jouent un rôle majeur dans la rétention des souvenirs. À cela s'ajoute l'oreille. Jusqu'à 10-11 ans, elle est réceptive à tous les sons. Ensuite, elle devient sélective : elle ne perçoit plus que les sons récurrents, entendus dans l'entourage. Résultat : un francophone qui apprend l'anglais à 13 ans prononce difficilement les « h » car il ne les entend pas. Enfin, les familles craignent que l'on n'apprenne trop de choses aux enfants. Or les capacités du cerveau sont infinies et sous-exploitées par les programmes... Le plurilinguisme scolaire précoce n'existe nulle part dans le monde. Cette idée devrait être promue par la France.

D.R.

➤ Activité 98

Laquelle de ces deux personnalités est « pour » l'apprentissage de l'anglais à l'école ? Laquelle est « contre » ? Justifiez votre réponse en citant un passage du texte.

	pour	contre
Jacqueline Quéniart Justification :		
Claude Hagège Justification :		

➤ Activité 99

1. L'un des auteurs présente ouvertement son point de vue personnel. De qui s'agit-il ? Dans quelle phrase le fait-il ?

....

....

....

2. L'un d'eux pense que l'un des retards de la France vient d'une faible compétence en langue étrangère. De qui s'agit-il ?
Dans quelle phrase exprime-t-il ce point de vue ?

....

....

....

➤ Activité 100

Repérez les différents types d'arguments utilisés. Retrouvez dans le texte un argument

a. qui s'appuie sur une comparaison :

....

....

....

b. basé sur des études scientifiques :

....

....

....

c. qui prône un changement de pédagogie :

....

....

....

d. par lequel l'auteur appelle la France à se distinguer des autres pays :

....

....

....

AUTO-ÉVALUATION

Vous avez fait des activités de compréhension écrite du Delf B2.
Maintenant dites si vous êtes capable de :

1. Lire un texte informatif
2. Lire un texte argumentatif

Si vous répondez « pas très bien » ou « pas bien du tout », refaites les activités concernées.
Vos réponses :

➤ ***Pour lire et comprendre, avec un grand degré d'autonomie, une gamme étendue de textes comme des articles, des reportages, sur des sujets professionnels ou grand public, je peux :***

	Très bien	Assez bien	Pas très bien	Pas bien du tout
repérer et comprendre les informations pertinentes et secondaires d'un texte assez long traitant de divers sujets liés au monde francophone et repérer le type de texte dont il s'agit et reconnaître sa source	❑	❑	❑	❑
comprendre et retrouver le plan, l'organisation du texte et relever les indices d'une chronologie	❑	❑	❑	❑
identifier précisément et analyser les différentes sources d'information utilisées ; repérer les références faites par l'auteur	❑	❑	❑	❑
comprendre une bonne gamme de vocabulaire et deviner le sens des mots et des expressions difficiles grâce au contexte dans lesquels ils sont employés	❑	❑	❑	❑
comprendre un texte dans lequel l'auteur adopte un point de vue particulier et préciser la finalité, l'intention et les conséquences des idées développées	❑	❑	❑	❑
retrouver les marques de l'engagement personnel de l'auteur dans son texte et repérer les « clins d'œil » adressés au lecteur	❑	❑	❑	❑
repérer et comprendre les arguments utilisés et analyser l'intérêt des différents exemples	❑	❑	❑	❑
utiliser ce que j'ai compris pour en dégager les points essentiels et me faire une opinion personnelle concernant le sujet traité, en faire part à quelqu'un ; agir à partir des informations obtenues	❑	❑	❑	❑

PRODUCTION ÉCRITE

CHAPITRE 3
ACTIVITÉS D'ÉCRITURE ET DE RÉDACTION

➤ *Description des activités*

Les activités proposées pour le travail de production écrite sont organisées en deux parties.

1. Rédiger un témoignage, une critique, un courrier personnel
2. Écrire un essai, un rapport argumenté ou une lettre formelle

Vous écrirez différents types de textes dans lesquels vous serez amené(e) à adopter un point de vue personnel et à le défendre. Il pourra s'agir de critique (film, livre...), de courrier ou de rapport. Les situations proposées font référence aux quatre domaines (sphères d'activités ou centre d'intérêt) : **personnel, public, professionnel, éducatif.**

➤ *Démarche*

À partir des situations proposées, vous vous entraînerez à :
– exprimer différents sentiments sur un thème ;
– souligner ce qui est important dans un événement ou une expérience ;
– développer une argumentation ;
– synthétiser des informations et des arguments empruntés à diverses sources ;
– apporter des justifications pour ou contre un point de vue ;
– expliquer les avantages et les inconvénients des différentes options ;
– évaluer des solutions différentes ;
– mettre en forme vos écrits.

➤ *Déroulement des épreuves*

Dans cette partie « Production écrite » de l'examen du DELF B2, vous aurez **un texte à écrire. Vous disposerez d'une heure pour rédiger votre texte.**
Pour chaque texte, nous vous conseillons de :
– prendre le temps de bien comprendre ce qui vous est demandé ;
– noter rapidement les différents paramètres du texte à écrire : qui écrit, à qui et pour quoi faire;
– de chercher des idées qui pourront servir votre argumentation ;
– de développer votre point de vue en construisant votre argumentation illustrée d'exemples précis ;
– de mettre en forme la version finale du texte en respectant la forme qu'il doit avoir (selon si c'est un courrier des lecteurs, une lettre formelle ou amicale, un rapport...) et le registre de langue;
– de relire votre texte : vérifiez la construction de vos phrases, essayez de corriger vos erreurs (accord, orthographe...), n'oubliez pas la ponctuation.

1. Rédiger un témoignage, une critique, un courrier personnalisé

A. **Participer à un forum de discussion (chats) sur Internet (une contribution à un débat) ; réagir à un événement, à la lecture d'un article, donner son point de vue sur un fait de société, un film, un livre (critique), une opinion dans le cadre d'une rubrique « courrier des lecteurs » par exemple.**

Lisez les textes suivants.

Texte 1

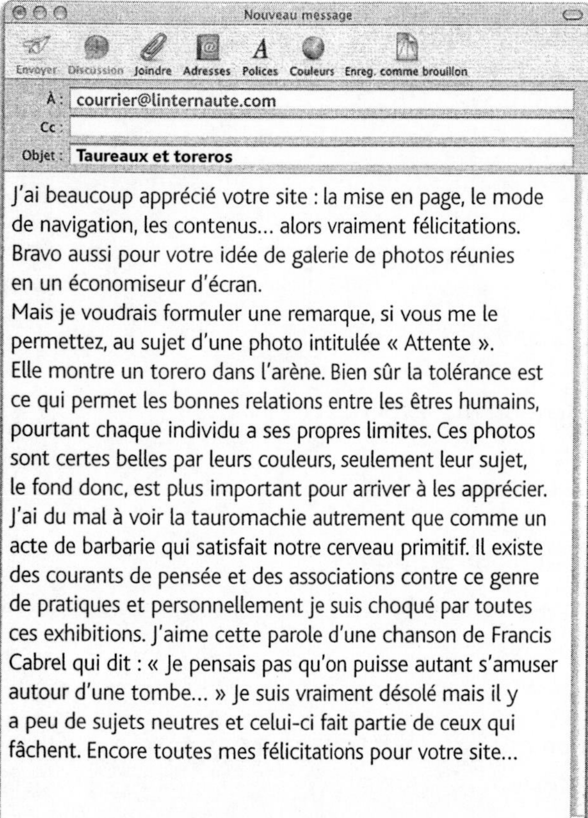

Nouveau message

Envoyer Discussion Joindre Adresses Polices Couleurs Enreg. comme brouillon

À : courrier@linternaute.com

Cc :

Objet : **Taureaux et toreros**

J'ai beaucoup apprécié votre site : la mise en page, le mode de navigation, les contenus… alors vraiment félicitations. Bravo aussi pour votre idée de galerie de photos réunies en un économiseur d'écran.
Mais je voudrais formuler une remarque, si vous me le permettez, au sujet d'une photo intitulée « Attente ».
Elle montre un torero dans l'arène. Bien sûr la tolérance est ce qui permet les bonnes relations entre les êtres humains, pourtant chaque individu a ses propres limites. Ces photos sont certes belles par leurs couleurs, seulement leur sujet, le fond donc, est plus important pour arriver à les apprécier. J'ai du mal à voir la tauromachie autrement que comme un acte de barbarie qui satisfait notre cerveau primitif. Il existe des courants de pensée et des associations contre ce genre de pratiques et personnellement je suis choqué par toutes ces exhibitions. J'aime cette parole d'une chanson de Francis Cabrel qui dit : « Je pensais pas qu'on puisse autant s'amuser autour d'une tombe… » Je suis vraiment désolé mais il y a peu de sujets neutres et celui-ci fait partie de ceux qui fâchent. Encore toutes mes félicitations pour votre site…

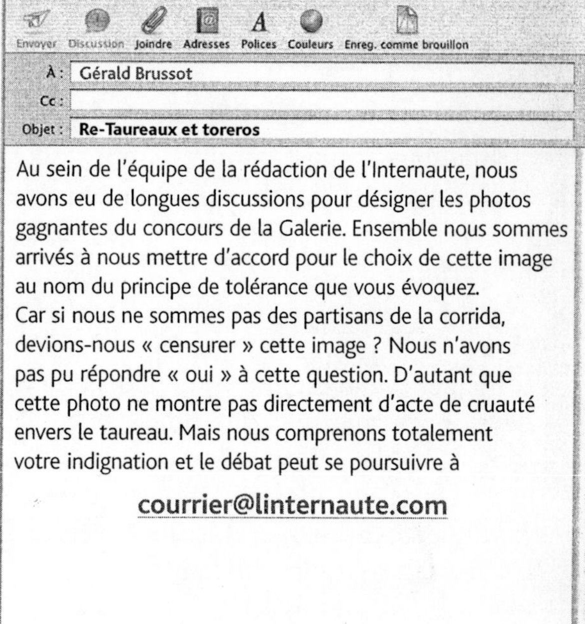

Nouveau message

Envoyer Discussion Joindre Adresses Polices Couleurs Enreg. comme brouillon

À : Gérald Brussot

Cc :

Objet : **Re-Taureaux et toreros**

Au sein de l'équipe de la rédaction de l'Internaute, nous avons eu de longues discussions pour désigner les photos gagnantes du concours de la Galerie. Ensemble nous sommes arrivés à nous mettre d'accord pour le choix de cette image au nom du principe de tolérance que vous évoquez.
Car si nous ne sommes pas des partisans de la corrida, devions-nous « censurer » cette image ? Nous n'avons pas pu répondre « oui » à cette question. D'autant que cette photo ne montre pas directement d'acte de cruauté envers le taureau. Mais nous comprenons totalement votre indignation et le débat peut se poursuivre à

courrier@linternaute.com

Texte 2

Cyclistes nus dans les rues de Madrid contre la circulation automobile

Des dizaines de personnes ont enfourché nues leurs bicyclettes samedi à Madrid pour revendiquer « des villes plus humaines et habitables », selon le Collectif des cyclonudistes d'Aragon, à l'origine de l'initiative.
Sous le slogan « Nus face à la circulation ! Cette ville est pour moi ! », des regroupements ont également été organisés à Saragosse (Aragon, nord), Pampelune, Barcelone et Huesca. « Nous proposons un modèle de ville dans laquelle les habitants réinvestissent leur espace, où les déplacements sont réduits et où l'on parie sur le piéton et sur des moyens de transport moins polluants et plus efficaces », comme la bicyclette, selon un communiqué du Collectif. Cela fait cinq ans que Saragosse organise ce type d'initiatives, étendu depuis deux ans à toute l'Espagne et à l'étranger.

AFP

Texte 3

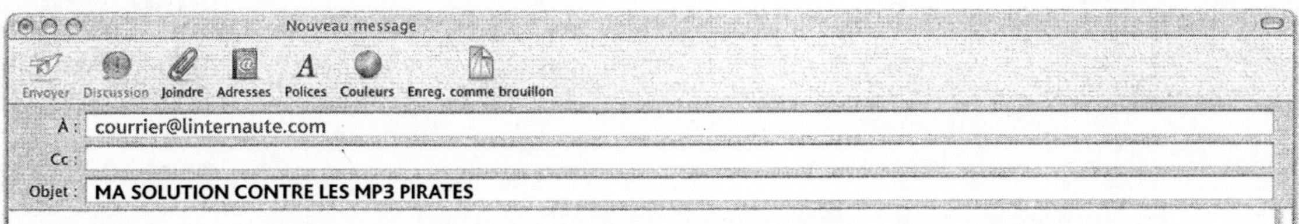

Pour ma part, j'ai des centaines de MP3 que je serais tout à fait prêt à les supprimer si on me le demande. Ils ne me manqueront pas le moins du monde. De toute façon, la plupart sont de mauvaise qualité et supporteraient mal d'être gravés sur CD. La musique que j'aime, je l'achète. Bien sûr, il m'est arrivé de stocker sur mon pauvre disque dur des MP3 de Johnny H., Céline D., Christina A., Britney S. ou autres « grands » de la chanson... Mais que leurs maisons de disques respectives ne s'inquiètent pas : je n'ai pas gardé ces fichiers. Surtout, il faudra bien qu'un jour les majors comprennent qu'au lieu de lutter contre un phénomène plus fort qu'elles, elles devraient en profiter (vente en ligne de fichiers musicaux et d'albums, écoute d'échantillons en qualité réduite, compils à la demande, chat avec les artistes...). Tiens, je viens d'inventer un dicton à leur intention : « Au lieu de lutter contre l'hiver, vends plutôt des pull-overs » :-)) J.-B.

Texte 4

Dernières nouvelles des oiseaux

Titre : *Dernières nouvelles des oiseaux*
Auteur : Erik Orsenna
Éditeur : Stock
Année : 2005
Pages : 134

EXTRAIT PROPOSÉ PAR L'ÉDITEUR

« Ce soir-là, le président présidait une remise de prix au lycée de H. Dès le cinquième très bon élève, il bâilla. Tandis que se poursuivait l'éprouvante cérémonie, l'idée arriva dans son cerveau et, s'y trouvant bien sans doute, commença de germer. Une idée simple, une idée scandaleuse. D'accord, il faut récompenser les très bons élèves, mais pour quelle raison ceux que je vois ce soir monter un à un sur la scène sont-ils tellement ennuyeux ? Premièrement parce qu'ils se ressemblent tous. Deuxièmement parce qu'ils acceptent, sans protester, les matières au programme. Pourquoi ne pas couronner d'autres enfants, des talents cachés, des passionnés qui explorent sans relâche, qui ne supportent que la liberté, que les devoirs qu'ils se donnent eux-mêmes ? D'abord, nous donnerons à chacun d'entre eux un grand prix de la Passion. Et ensuite... La suite est un secret. »

L'AUTEUR PAR L'ÉDITEUR

Après des études de philosophie et de sciences politiques, Erik Arnoult, dit Orsenna, enseigne l'économie à l'École normale supérieure. Il entame par la suite des activités administratives et devient conseiller ministériel puis conseiller culturel auprès du président François Mitterrand de 1981 à 1984, expérience relatée dans *Grand amour* en 1993. En décembre 1985, il entre au Conseil d'État et exerce les fonctions de maître des requêtes. Parallèlement à ses activités, il est l'auteur de sept romans et obtient le prix Roger Nimier en 1978 pour *La Vie comme Lausanne* ainsi que le prix Goncourt 1988 pour *L'Exposition coloniale*. Il est élu à l'Académie française le 28 mai 1998.

Vous avez envie de lire ce livre ?
Cliquez ici pour déposer votre avis

Texte 5

Dimanche 12 juin 2005

Un tiers des pères français aimeraient pouvoir porter un enfant

Les nouveaux pères sont toujours plus impliqués et plus disponibles pour leur enfant, et plus d'un tiers aimeraient ou auraient aimé le porter si les progrès de la science le permettaient, selon les résultats d'un sondage auprès de parents d'enfants de 0 à 7 ans.

38 % des pères interrogés aimeraient ou auraient aimé porter leur enfant si un jour le progrès permettait aux hommes d'être « enceint », selon ce sondage Ipsos publié dans le dernier numéro d'*Enfants Magazine*.

40 % des mères déclarent pour leur part qu'elles aimeraient ou auraient aimé aussi que leur conjoint porte leur enfant.

Indice de l'implication croissante des pères, ils souhaitent par ailleurs autant d'enfants que les femmes : deux et demi en moyenne quel que soit le milieu socioprofessionnel.

On note une différence en fonction de l'âge mais pas du sexe des parents : les couples âgés de 35 ans et plus comptent avoir un peu plus d'enfants (2,6 en moyenne) que les parents de moins de 35 ans (2,4 en moyenne).

AFP

Texte 6

Coucou mamie !

Reportage sur France Info : une famille fait installer un visiophone dans la chambre de la mamie, en maison de retraite. Commentaire du fils ou du gendre : « Comme ça, *via* notre portable, elle pourra nous voir quand on sera à la plage. » Sans commentaire.

D.V. Dijon, « ça va mieux en le disant »
D'après *Télérama* n° 2899, août 2005.

activité 101 **Comprendre de quoi il s'agit.**

Pour pouvoir réagir à la lecture d'un texte, il est utile de bien comprendre la nature du texte lu. Pour chacun des textes ci-dessus, dites de quel type de texte il s'agit. Complétez le tableau suivant.

	nature du texte
Texte 1	
Texte 2	
Texte 3	
Texte 4	
Texte 5	
Texte 6	

activité 102 **1. Identifiez le type de discours contenu dans chaque texte. Cochez la case qui convient.**

	texte informatif	texte argumentatif
Texte 1		
Texte 2		
Texte 3		
Texte 4		
Texte 5		
Texte 6		

2. Vous allez réagir à la lecture de ces textes, dites dans quels cas vous allez :

a. participer à un débat et donner votre point de vue en réaction à d'autres déjà exprimés.
Citez ici les textes concernés par ce type de réponse : ....
....

b. dire ce que vous pensez d'une information donnée et formuler votre opinion sans connaître celle d'autres lecteurs.
Citez ici les textes concernés par ce type de réponse : ....
....

activité 103 **Les auteurs font référence à différents supports. Dites de quoi il s'agit en faisant correspondre chaque texte au type de document mentionné. Complétez le tableau comme dans l'exemple.**

Le texte 1 •
Le texte 2 •
Le texte 3 •
Le texte 4 •
Le texte 5 •
Le texte 6 •

• fait référence à •

• a. un livre
• b. une image
• c. une émission de radio
• d. une étude chiffrée
• e. aucun support
• f. un support informatique

1	2	3	4	5	6
b					

activité 104 **Pour quoi faire?**

Dites quelle intention vous mettez dans le fait de participer à ces courriers de lecteur ou autres forums de discussion. Cochez la (ou les) case(s) qui correspond(ent) à votre démarche. Celle-ci peut varier en fonction du sujet traité, précisez le numéro du texte dont la réponse aura cette visée.

Vous écrivez pour:

❏ dire haut et fort ce dont vous êtes convaincu, et peu importe ce que vont penser les lecteurs. (Réponse au(x) texte(s) ....)

❏ développer votre point de vue pour essayer de montrer que d'autres idées sont possibles, pour le plaisir, aussi, de participer à un débat. (Réponse au(x) texte(s) ....
....)

❏ démontrer par une argumentation précise que vous avez raison et que seule votre opinion est la bonne. (Réponse au(x) texte(s): ....)

activité 105 **À qui écrivez-vous?**

Vous venez de lire les différents textes présentés ci-dessus. Leur lecture vous fait réagir, vous exprimez votre point de vue par écrit. À qui allez-vous adresser votre texte? Plusieurs réponses sont possibles.

	À qui adressez-vous votre texte?
Texte 1	
Texte 2	
Texte 3	
Texte 4	
Texte 5	
Texte 6	

activité 106 **La forme du texte à écrire.**

La forme des textes à écrire doit selon vous:

❏ répondre à des critères précis.

❏ être libre.

Si vous pensez à des critères précis, quels sont-ils?

....
....
....

activité 107 **À la lecture de différents textes, vous avez peut-être eu une opinion immédiate:**

«je suis d'accord…» ou, au contraire, *«je pense exactement l'inverse…»* Si vous avez plus de difficultés à adopter un point de vue, cette activité pourra vous aider à cerner les différents aspects du sujet abordé et donc à vous positionner plus facilement. Posez-vous, pour chaque texte, ces cinq questions: *Qui?/Quoi?/Quand?/Où?/Pourquoi?*

Texte 1

– *Qui?* ....

– *Quoi?* ....

– *Quand?* ……………………………………………………………………………
– *Où?* ……………………………………………………………………………
– *Pourquoi?* ……………………………………………………………………………

Texte 2
– *Qui?* ……………………………………………………………………………
– *Quoi?* ……………………………………………………………………………
– *Quand?* ……………………………………………………………………………
– *Où?* ……………………………………………………………………………
– *Pourquoi?* ……………………………………………………………………………

Texte 3
– *Qui?* ……………………………………………………………………………
– *Quoi?* ……………………………………………………………………………
– *Quand?* ……………………………………………………………………………
– *Où?* ……………………………………………………………………………
– *Pourquoi?* ……………………………………………………………………………

Texte 4
– *Qui?* ……………………………………………………………………………
– *Quoi?* ……………………………………………………………………………
– *Quand?* ……………………………………………………………………………
– *Où?* ……………………………………………………………………………
– *Pourquoi?* ……………………………………………………………………………

Texte 5
– *Qui?* ……………………………………………………………………………
– *Quoi?* ……………………………………………………………………………
– *Quand?* ……………………………………………………………………………
– *Où?* ……………………………………………………………………………
– *Pourquoi?* ……………………………………………………………………………

Texte 6
– *Qui?* ……………………………………………………………………………
– *Quoi?* ……………………………………………………………………………
– *Quand?* ……………………………………………………………………………
– *Où?* ……………………………………………………………………………
– *Pourquoi?* ……………………………………………………………………………

ctivité 108 **Commencer son texte.**

Lisez ces débuts de réponse et précisez pour chacun d'eux à quel texte il correspond.

a. « Je viens de lire la présentation du dernier ouvrage d'Erik Orsenna publiée sur votre site… » : ……………………………………………………………………………

b. « Je suis papa de cinq enfants et j'avoue que j'ai parfois envié ma compagne pendant ses grossesses… » : ……………………………………………………………………………

c. « Moi je n'ai pas été gêné par la sélection faite. Quelques fois l'image est à dissocier du sujet… » : ……………………………………………………………………………

d. « C'est vrai notre société est dure avec les aînés… » : ....

e. « Je suis à la fois d'accord et pas d'accord avec les propos de J.-B.… » : ....

f. « La manifestation est sans doute une bonne idée puisqu'elle fait parler d'elle, mais qu'elle est son efficacité ?… » : ....

activité 109 **Dans chacune des phrases ci-dessus (activité 108), relevez, quand elles sont présentes, les traces (attention certaines phrases ne contiennent pas ces traces-là, précisez-le) :**

a. de l'identité de celui qui écrit : ....
....
....
....

Trouvez d'autres façons de vous présenter et de dire à quel titre vous témoignez.
....
....
....
....

b. de l'engagement personnel de celui qui écrit : ....
....
....
....

Comment, par quels autres mots ou phrases, pouvez-vous introduire votre point de vue personnel ? Donnez des exemples.
....
....
....
....

c. d'une vérité incontestable (forme donnée à l'opinion de l'auteur) : ....
....
....
....

Proposez, vous aussi, des affirmations qui tendent à ranger votre opinion au rang de fait établi que l'on ne peut contester.
....
....
....
....

activité 110

Positionnez-vous par rapport à la lecture des six textes proposés.
Maintenant, quelle position avez-vous par rapport à chaque sujet ?
– Vous êtes plutôt d'accord.
– Vous avez une position nuancée.
– Vous êtes en désaccord avec ce que vous venez de lire.

Pour chaque texte, rédigez une phrase qui permet de repérer rapidement votre point de vue.

Texte 1 : ....

....

Texte 2 : ....

....

Texte 3 : ....

....

Texte 4 : ....

....

Texte 5 : ....

....

Texte 6 : ....

....

activité 111 **Développer son point de vue.**

Comment trouver des idées si le thème abordé ne vous « parle » pas ?

Le « remue-méninges »

1. Sous forme de liste : le principe est de noter sous forme de liste toutes les idées qui vous viennent à l'esprit quand vous pensez à un mot.

Exemple : Si l'on choisit dans le texte 1 le mot « corrida », on peut noter les mots suivants qui s'y rapportent :

– taureau ;
– Espagne ;
– mort ;
– massacre ;
– spectacle ;
– art…

2. Sous forme de « schéma heuristique » : pour aller plus loin que la liste, on peut aller d'une idée à l'autre, par une méthode d'exploration en notant les mots auxquels on pense sous forme de schéma heuristique.

Reprenons le même mot comme exemple, cela peut donner ce qui suit :

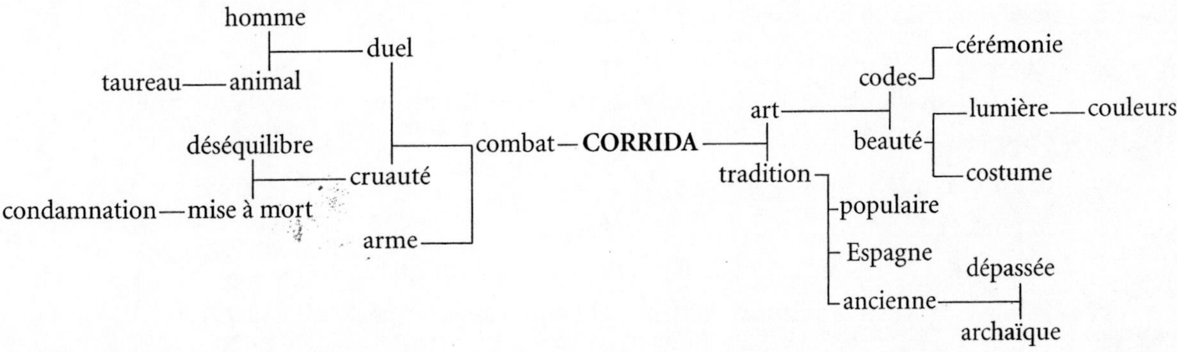

Les mots notés ici par association d'idées peuvent permettre d'approfondir votre recherche sur la (ou les) notion(s) à aborder pour construire votre argumentation.

Procédez de la même façon pour trouver des idées sur les autres thèmes.

activité 112 **Reformuler ou résumer la pensée de l'auteur du texte auquel on réagit, pour ensuite introduire votre propre point de vue (activités 113, 114, 115, 116).**

Avant de donner votre propre point de vue, vérifiez que vous avez bien compris ce qui est dit dans le texte auquel vous voulez réagir.

Pour chaque texte écrivez avec vos propres mots, en deux ou trois phrases, ce que l'auteur a exprimé à sa manière. (À ce moment de la rédaction vous ne dévoilez pas votre opinion, mais vous pouvez, bien sûr, reformuler pour que votre point de vue apparaisse le bon et le seul cohérent. Cette étape prépare la suite de la démarche et vous pouvez omettre, par stratégie, de citer des faits qui, par la suite, pourraient gêner votre démonstration).

Texte 1 : ....
....
....

Texte 2 : ....
....
....

Texte 3 : ....
....
....

Texte 4 : ....
....
....

Texte 5 : ....
....
....

Texte 6 : ....
....
....

activité 113 **Exprimer son accord.**

Pour dire que vous êtes d'accord avec l'auteur vous allez vous-même engager votre point de vue en faisant référence à celui de l'auteur.

Pour quels textes êtes-vous d'accord avec l'auteur ?

Pour chacun d'entre eux, dites votre accord en utilisant les formules suivantes :

– J'approuve…
– C'est vrai que…
– Je partage l'idée de *(nom de l'auteur)* sur…
– Je suis d'accord avec *(nom de l'auteur)* quand il dit que…
– Je n'avais pas vu les choses comme cela auparavant, mais c'est exact que…

....
....
....
....
....

activité 114 **Présenter une position plus ou moins nuancée : de la certitude au doute.**

Pour nuancer vos propos vous pouvez utiliser un certain nombre de formules.

1. Classez les expressions selon leur signification.

« il est évident que… » **« il est probable que… »** « Sans doute, »

« il est possible que… » « il se pourrait que… » « on ne saurait admettre que… »

« je suis convaincu que… » *« il y a de fortes chances pour… »* **« probablement… »**

« il est incontestable que… » « il ne fait aucun doute que… » **« il semble que… »**

« il est hors de question que… » **« j'ai la certitude que… »**

2. Employez certaines de ses formules pour parler des textes avec lesquels vous êtes d'accord.

....

....

....

....

....

....

activité 115 **Écrire son désaccord.**

Vous êtes peut-être totalement ou seulement en partie en désaccord avec une idée. Vous pouvez alors vous y opposer fermement ou, pour être plus constructif, aller en partie dans le sens de l'auteur mais repousser une part de ce qu'il avance.

Repérez si dans les phrases suivantes on s'oppose ou l'on admet. Cochez la case qui convient.

	désaccord total	accord mais…
« Il n'est pas vrai que le chômage a baissé les dernières années. »		
« Quand on dit que la qualité de vie est meilleure à la campagne, c'est juste, mais il y a aussi des désavantages à y vivre. »		
« Il est clair que la grossesse a été pour moi un moment agréable pourtant je ne comprends pas ce désir des hommes à vouloir porter leur enfant. »		
« Même si cette manifestation a eu le mérite d'exister, je ne suis pas certain de son efficacité. »		
« Je suis plutôt d'accord avec l'auteur quand il dit que le classement retenu n'est pas parfait, en revanche je ne pense pas que celui qu'il propose soit adapté aux réalités du système scolaire. »		
« J'ai beau essayé de comprendre sa position, je n'adhère à aucun de ses arguments. »		
« C'est inadmissible de tenir encore ce genre de propos à notre époque ! »		

activité 116 **1. La concession :** vous reconnaissez les idées de l'auteur, vous n'en validez qu'une partie. Choisissez trois des textes du début et écrivez pour chacun quelques phrases pour dire que vous n'êtes en partie pas d'accord avec ce qui y est dit. Précisez-en la cause.

- ....
....
....
....
- ....
....
....
....
- ....
....
....
....

2. L'opposition : vous rejetez l'idée développée par l'auteur.
Choisissez trois des textes du début et écrivez pour chacun quelques phrases pour dire que vous n'êtes pas du tout d'accord avec ce qui y est dit. Expliquez pourquoi.

- ....
....
....
....
- ....
....
....
....
- ....
....
....
....

activité 117 **Illustrer vos propos par des exemples.**

Le plus simple est d'illustrer, de justifier votre idée par un exemple qui permette de rendre l'ensemble de vos idées plus concrètes et « parlantes » pour le lecteur.
Associez chaque idée à son exemple. Complétez le tableau. Repérez les formules qui permettent de présenter les exemples, soulignez-les.

1. Pour mieux me faire comprendre,
2. On peut prendre l'exemple
3. C'est comme ces personnes
4. Le débat qui traverse notre société illustre bien
5. Ça me fait penser à l'histoire

a. que ça n'est si simple d'être « pour » ou « contre », mais que sur ce sujet il est préférable d'avoir une position plus nuancée.

b. qui photocopient des livres entiers sans jamais en acheter.
c. du chien qu'on laisse sur le bord de l'autoroute, sauf que là il s'agit d'une personne.
d. je vais prendre un exemple : les maladies respiratoires sont en constantes augmentations, notamment en milieu urbain.
e. de ces combats de coqs qui ont toujours cours et qui continuent à en passionner certains.

1	2	3	4	5

activité 118 **Il est important de bien choisir son exemple (il doit être adapté à l'idée), voire d'en choisir quelques-uns qui vont dans le même sens : ils seront d'autant plus efficaces pour démontrer la valeur de vos arguments.**

Vos exemples doivent être tirés de la vie, ils doivent être réels.
Illustrez chacune des idées par un ou plusieurs exemples bien choisis. Utilisez les expressions vues plus haut ou choisissez-en d'autres.

Texte 1
Idée défendue : « *L'animal qui est souvent tué à la fin du combat n'est pas le seul à être en danger.* »
Exemple(s) : ....
....
....

Texte 2
Idée défendue : « *Je veux bien admettre que l'on puisse manifester contre la circulation des voitures, mais comment organiser notre quotidien sans celles-ci ? Il n'y a pas un jour où nous n'en avons pas besoin !* »
Exemple(s) : ....
....
....

Texte 3
Idée défendue : « *On devrait trouver d'autres moyens pour rendre la musique, et l'art en général, plus accessible en toute légalité.* »
Exemple(s) : ....
....
....

Texte 4
Idée défendue : « *Ce livre a l'air assez intéressant, pourtant je ne m'y jetterai pas dessus car en général je préfère des sujets qui me font rêver.* »
Exemple(s) : ....
....
....

Texte 5
Idée défendue : « *Quelle drôle d'idée ! Au risque de paraître "vieux jeu" pour moi il y a des fonctions typiquement féminines et d'autres masculines.* »

Exemple(s) : ....
....
....

Texte 6

Idée défendue : « *Je me surprends parfois à regretter un temps où les relations entre générations étaient différentes.* »

Exemple(s) : ....
....
....

activité 119 **A. Mettre en forme la version finale de vos témoignages.**

Rédigez une réponse pour chacun des six textes du départ. Vos textes doivent tenir compte de la démarche à laquelle vous avez été sensibilisé dans les activités précédentes et aux conseils donnés ci-dessus. De plus, chaque réponse devra contenir la phrase proposée.

Réponse au texte 1

« *Partout dans le monde il y a des traditions qui n'ont plus de raison d'exister.* »

....
....
....
....
....
....
....
....
....
....
....
....
....
....
....
....
....
....
....
....

Réponse au texte 2

« *C'est triste d'être obligé de se faire remarquer pour une cause si évidente !* »

....
....
....
....
....

Réponse au texte 3

« Le problème soulevé ici est aussi celui de la diminution du pouvoir d'achat. »

Réponse au texte 4

« Tout d'abord, je ne peux m'empêcher de rire : l'auteur semble reprocher à l'Éducation nationale son immobilisme. Soit ! »

Réponse au texte 5

« Je pense que la grossesse peut être l'occasion d'un vrai partage dans le couple. »

Réponse au texte 6

« Au début on pense que c'est une mauvaise plaisanterie, mais finalement ça semble bien être réel : notre société va mal ! »

B. **Répondre à quelqu'un (lettre personnelle, mèls) pour mettre en valeur des événements ou des expériences, pour exprimer différents degrés d'émotion et souligner ce qui est important (événement, expérience, points de vue), faire part de commentaires.**

Lisez les situations suivantes.

Situation 1
Vous avez reçu le message électronique suivant, répondez-y.

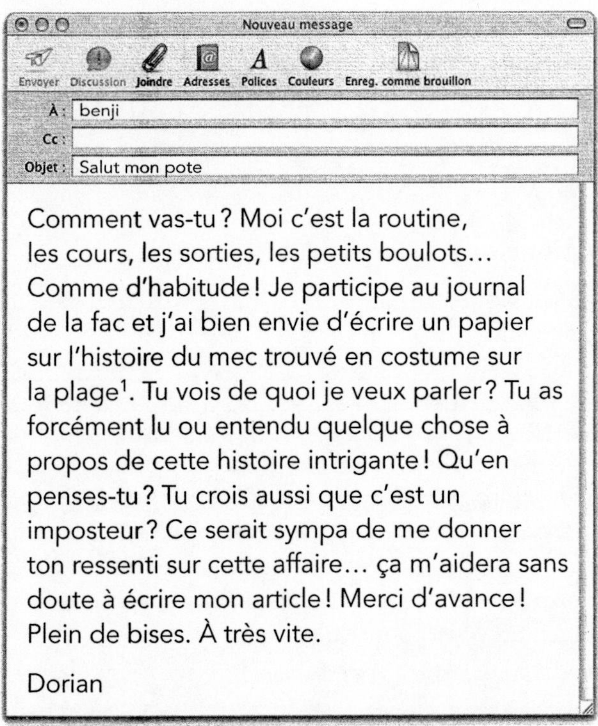

À : benji
Cc :
Objet : Salut mon pote

Comment vas-tu ? Moi c'est la routine, les cours, les sorties, les petits boulots… Comme d'habitude ! Je participe au journal de la fac et j'ai bien envie d'écrire un papier sur l'histoire du mec trouvé en costume sur la plage[1]. Tu vois de quoi je veux parler ? Tu as forcément lu ou entendu quelque chose à propos de cette histoire intrigante ! Qu'en penses-tu ? Tu crois aussi que c'est un imposteur ? Ce serait sympa de me donner ton ressenti sur cette affaire… ça m'aidera sans doute à écrire mon article ! Merci d'avance ! Plein de bises. À très vite.

Dorian

1. *Cf.* Transcriptions - I. Compréhension orale p. 4.

Situation 2

Vous avez reçu une lettre, lisez-la et répondez-y.

Strasbourg, le 5 septembre

Chère Corinne,

Je vous ai laissé le temps de retrouver « votre chez vous » après ces deux semaines de vacances, mais là je ne tiens plus : j'ai plein de trucs à te raconter et je veux des nouvelles.

Comment allez-vous depuis votre départ ? La reprise n'a pas été trop dure ? Ici la ville a encore des airs de vacances, on profite des jours ensoleillés. J'ai repris le boulot, on a un nouveau chef qui pour l'instant a l'air plutôt sympa... à voir ! Je suis contente car la boîte a de nouveaux projets et je vais pas mal me déplacer pour rencontrer de futurs clients.

Devine où a lieu ma prochaine mission ? À Pau ! C'est incroyable non ?! Comme tu as vécu longtemps dans cette ville tu dois connaître de chouettes coins. Tu sais comme je suis gourmande (et fin gourmet !) et j'aimerais vraiment goûter la cuisine du sud-ouest[1] depuis le temps que j'en entends parler... alors j'attends tes conseils ! (Fais vite, je pars dans trois semaines).

Embrasse tout le monde, vous nous manquez.

Bises.

Leslie

Situation 3

Vous avez reçu le message électronique suivant, répondez-y.

Nouveau message

Envoyer Discussion Joindre Adresses Polices Couleurs Enreg. comme brouillon

À : Karl

Cc :

Objet : Juste un petit mot rapide entre deux dossiers

On doit aller au ciné depuis un bout de temps... c'est dur de trouver des films qui puissent nous plaire à tous les deux. Un collègue m'a conseillé *Le Rôle de sa vie*, dernier film d'Agnès Jaoui. J'ai trouvé cet article sur le site de *Télérama* (copie en pièce jointe)[2], je n'ai pas le temps de le lire pour l'instant mais dis-moi si tu penses que ça pourrait te plaire... et à moi aussi par la même occasion ! Tiens-moi au courant et on se fixe un rendez-vous, pour ce film ou un autre !

À plus, grosses bises.

Steph

1. *Cf.* document utilisé pour la compréhension écrite p. 57-58.
2. *Cf. Le Rôle de sa vie*, document utilisé pour la compréhension écrite p. 48-49.

activité 120 **Comprendre le message avant d'y répondre.**

Pour être sûr(e) de bien comprendre les propos de leur auteur, reformulez en quelques lignes le message contenu dans chaque courrier reçu. Faites apparaître pour chacun quelle est la principale demande formulée.

1. Contenu du message électronique de Dorian

....
....
....
....
....

2. Contenu de la lettre de Leslie

....
....
....
....
....

3. Contenu du message électronique de Steph

....
....
....
....
....

activité 121 **Répondre au courrier : répondre à une lettre ou à un mèl suppose que l'on tienne compte du courrier reçu.**

Associez chaque phrase extraite d'un premier courrier à la phrase qui lui fait référence dans la réponse.

a. Alors quelles sont les nouvelles depuis l'autre jour ?
b. Je voulais avoir ton avis sur la question.
c. C'est vraiment un bon livre !
d. Qu'as-tu pensé de la dernière création de la compagnie ?

1. Ça me fait plaisir que tu me demandes ce que j'en pense.
2. Ben pour être honnête, c'est pas la grande forme…
3. À vrai dire, c'est difficile de me prononcer, c'est un peu trop déroutant pour moi.
4. Je vais suivre tes conseils et m'y pencher dès que je trouve un peu de temps.

a	b	c	d

activité 122 **Plusieurs éléments de votre courrier devront reprendre certains contenus dans le message reçu.**

Pour chacune des phrases suivantes extraites des trois documents de départ, faites une réponse qui puisse correspondre.

extraits des courriers reçus	extraits des réponses
Salut mon pote,	
Tu vois de quoi je veux parler ?	
Tu as forcément lu ou entendu quelque chose à propos de cette histoire intrigante !	
Merci d'avance !	
Comment allez-vous depuis votre départ ? La reprise n'a pas été trop dure ?	
[...] un nouveau chef qui pour l'instant a l'air plutôt sympa... à voir !	
Comme tu as vécu longtemps dans cette ville tu dois connaître de chouettes coins.	
Embrasse tout le monde, vous nous manquez.	
On doit aller au ciné depuis un bout de temps…	
Tiens-moi au courant et on se fixe un rendez-vous.	

activité 123 **Faites apparaître le lien qui vous unit à la personne à qui vous écrivez.**

Vous répondez à un proche, cela doit se sentir dans votre courrier. La proche relation sous-entend que, par moments, il n'est pas besoin de tout se dire, de tout s'écrire mais au contraire de jouer avec les sous-entendus, l'implicite.

Choisissez l'une des trois situations proposées et écrivez quelques phrases qui, en relation avec le sujet abordé, fait référence à une expérience partagée par la personne à laquelle vous écrivez.

« ....

....

....

.... »

activité 124 **Servez-vous de la richesse de la ponctuation. Le ton du courrier écrit à un proche est souvent très vivant, parfois proche de la transcription d'un message oral.**
La ponctuation peut vous aider à rendre votre texte vivant :

– les « … » peuvent traduire une pause significative, vous laissez par exemple deviner la suite de votre propos à votre interlocuteur.

– les « ! » indiquent la fermeté de ton ou, comme à l'oral, l'exclamation pour exprimer une émotion : l'enthousiasme, la joie ou encore la colère selon les cas.

– les « ? ! » montrent que vous êtes à la fois étonnés et dubitatifs, vous vous posez des questions sans pouvoir y répondre.

Lisez le court message suivant et insérez des signes de ponctuation.

Bonjour mon ami
Je t'écris enfin après tout ce temps Tu sais que j'ai eu beaucoup de travail et pas que du travail Mais bon ça n'excuse rien je vais me rattraper d'ailleurs j'aimerais te rendre visite assez rapidement Qu'en dis-tu J'ai hâte de te revoir et de partager avec toi tous mes secrets
À très vite j'espère
Je t'embrasse
Gabriel

activité 125 **Introduisez votre réponse à la demande.**

Pour chaque courrier, introduisez par une ou deux phrases la réponse que vous allez apporter. Montrez votre intérêt à la demande exprimée.

• ....
....
....
....

• ....
....
....
....

• ....
....
....
....

activité 126 **Exprimez votre point de vue sur le sujet évoqué.**

La personne qui vous a écrit vous demande de lui livrer votre opinion. Faites-le en vous aidant, par exemple, des formules suivantes :

À mon avis…
De mon point de vue…
Je crois que…
Il me semble que…
J'ai bien peur que…

• Votre point de vue sur le mystérieux pianiste trouvé en costume sur la plage :

....
....
....
....
....

• Ce que vous pensez des restaurants de la ville de Pau :

....

....

....

....

....

....

....

....

• Votre opinion sur le film proposé :

....

....

....

....

....

....

....

....

activité 127 **Décrivez pour convaincre : choisissez les éléments marquants.**

On vous demande de donner votre point de vue sur une histoire, des restaurants, un film ; la personne qui vous écrit ne vous demande pas d'être objectif mais d'avoir un parti pris. Votre description doit refléter ce que vous pensez. Pour cela vous pouvez caractériser les choses, les personnes ou les lieux dont vous parlez à l'aide d'adjectifs laudatifs ou au contraire dépréciatifs.

Tenez compte du destinataire (de ses goûts par exemple) et faites-y référence dans la description.

Rédigez une description convaincante à insérer dans chacune de vos réponses.

• ....

....

....

....

• ....

....

....

....

• ....

....

....

....

activité 128 **Développez le sujet traité en vous servant de la comparaison.**

Témoigner peut se révéler être un très bon argument. Comparez ce sur quoi vous devez vous prononcer et faites un parallèle avec d'autres expériences.

• Le fait divers évoqué par Dorian vous fait penser à une autre histoire, racontez:
« Cette histoire me fait penser à ....
....
....
....
.... »

• Vous évoquez d'autres restaurants connus de Leslie pour qu'elle puisse choisir plus facilement:
« L'ambiance de ce resto me rappelle un peu ....
....
....
....
.... »

• Vous faites un parallèle avec d'autres films:
« Le film que tu me proposes a l'air d'être du même genre que celui ....
....
....
....
.... »

ctivité 129 **Pour éviter de chercher trop longtemps un mot « oublié », utilisez un mot « passe partout » ou des paraphrases.**

L'essentiel étant de vous faire comprendre, si vous ne parvenez pas à retrouver un mot pour exprimer une idée, trouvez une autre solution : des formules peuvent vous aider pour que le destinataire de votre message comprenne.

1. un mot « passe partout » : il est très souvent utilisé dans un registre familier, quand on s'adresse à un proche.
Dans les phrases suivantes, le mot en italique à une autre signification, dites quel mot il remplace.
• « Il m'est arrivé un *truc* incroyable ! »
Ici « truc » peut signifier : ....
• « J'ai *quelque chose* d'important à terminer et je quitte le bureau. »
Ici « quelque chose » peut signifier : ....
• « J'ai perdu une heure à chercher un *machin* pour réparer ce *bidule.* »
Ici « machin » peut signifier : ....
Ici « bidule » peut signifier : ....

2. une paraphrase
Dans les phrases suivantes, des mots difficiles sont utilisés. Cherchez-les dans le dictionnaire et remplacez-les par une périphrase comme dans l'exemple.
Exemple : *« Je me suis fait faire une **coloration**, <u>en d'autres termes</u> j'ai les cheveux bleus ! »*
a. *« Il risque de faire **faillite** : <u>ça revient à dire que</u>* ....
.... »

b. « *Le dessert était* ***exquis****. Je veux dire par là* ....

.... »

c. « *Je pense que cette pièce provoque un* ***engouement*** *excessif, autrement dit* ....

.... »

activité 130 **Adaptez le registre de langue.**

Vous écrivez en réponse à un proche (ami, membre de votre famille...), le ton de votre courrier et le registre de langue utilisé doivent en tenir compte. Vous ne devez pas être trop formel.

Dans les phrases suivantes, deux formulations sont proposées pour énoncer la même idée, choisissez celle qui est appropriée au courrier personnel. Soulignez la formule qui convient le mieux.

1. Étiez-vous informé que… ?/ Dis donc, tu savais toi que… ?
2. Il faut que je te dise que…/J'aimerais annoncer que…
3. T'as vu… ?/Il est intéressant de noter que…
4. Je sais pas encore lequel choisir…/Mon choix n'est pas encore arrêté
5. Reprenons/Revenons à nos moutons

activité 131 **Répondez au message électronique de Dorian. Votre message devra commencer ainsi :**

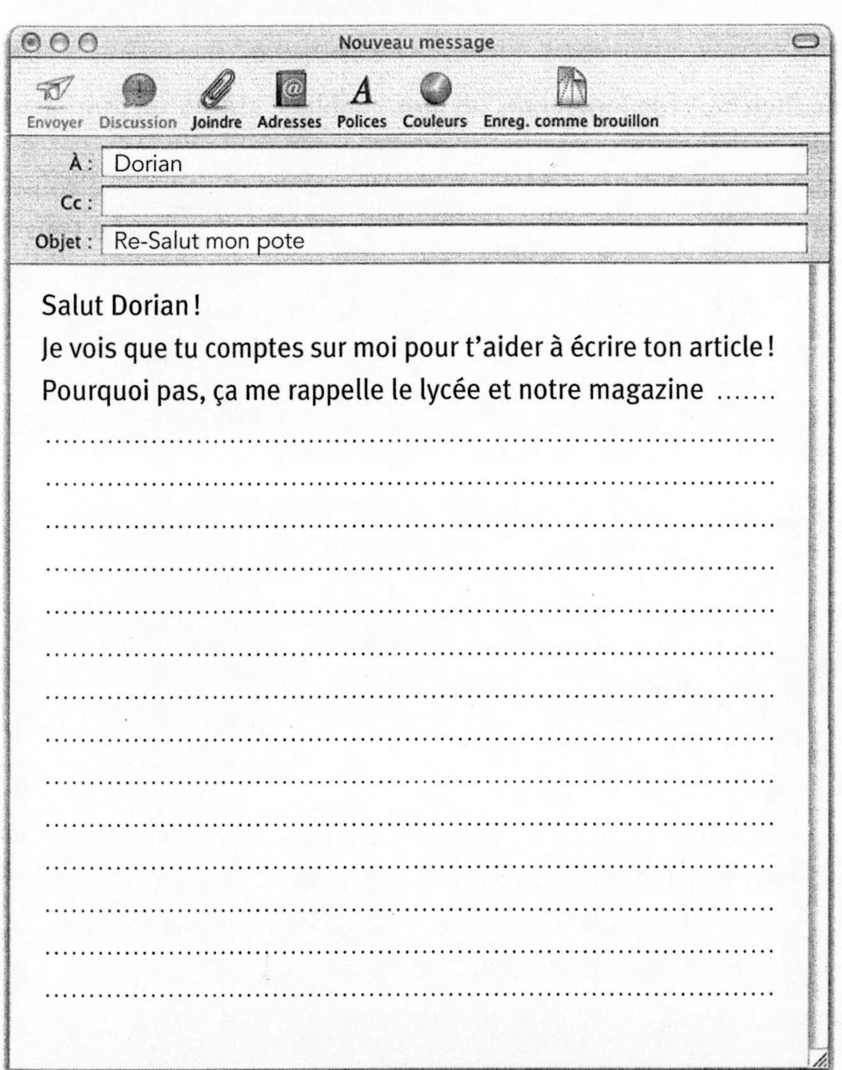

Activité 132 Répondez à la lettre de Leslie. Votre lettre devra « suivre la matrice » suivante :

...................., le ....

Ma chère Leslie,

....
....
....
....
....

C'est drôle la vie : que tu ailles à Pau pour ton travail ! ....
....
....
....
....
....
....
....
....
....
....
....
....
....
....
....
....
....

Alors il est comment ce chef ? ....
....
....
....

Corinne

activité 133 **Répondez au message électronique de Steph. Votre message devra finir ainsi :**

Nouveau message

Envoyer Discussion Joindre Adresses Polices Couleurs Enreg. comme brouillon

À : Stéph

Cc :

Objet : Re-Juste un petit mot rapide entre deux dossiers

....

....

....

....

....

....

....

....

....

....

....

....

....

....

Voilà ce que je te propose, c'est à toi de choisir. Envoie-moi juste un mot rapide ou passe un coup de fil pour fixer le rendez-vous.

À très vite !

....

activité 134 **Vous avez reçu une lettre d'un cousin qui est en dernière année de lycée.**

Il hésite pour son orientation l'année suivante : continuer ses études dans la même université que vous ou partir vivre un an à l'étranger.

Il en appelle à votre expérience. Répondez-lui en donnant votre point de vue pour l'aider à prendre une décision.

Rédigez une réponse d'environ 200 mots.

activité 135 **Une amie de longue date vous a annoncé son futur mariage. Elle aimerait faire une fête originale.**

Comme vous avez beaucoup voyagé, vous connaissez différentes cultures et traditions. Elle souhaiterait que vous l'aidiez par votre expérience et vos conseils à faire de ce jour un moment hors du commun.

Rédigez un courrier (d'environ 200 mots) pour répondre à sa demande.

2. Écrire un essai, un rapport argumenté ou une lettre formelle

Situation 1

Vous avez fait vos courses dans un grand magasin. Après avoir rempli le questionnaire distribué pour vous permettre d'indiquer votre point de vue, vous décidez de l'accompagner d'une lettre.

Votre avis nous intéresse

Nom : ....
Adresse : ....
Ville – Code postal : ....
Tél. : ....
Email : ....
Âge : ....

Content ou pas content ? Dites-nous tout :

Attente	❑ positif	❑ négatif
Accueil	❑ positif	❑ négatif
Qualité des articles	❑ positif	❑ négatif
Rapport qualité/prix	❑ positif	❑ négatif
Confort de la visite	❑ positif	❑ négatif
Compétences du personnel	❑ positif	❑ négatif
Autre	❑ positif	❑ négatif

Souhaitez-vous recevoir une réponse ?

❑ oui ❑ non

Situation 2

Votre valise a été endommagée lors d'un voyage en avion. Vous avez déjà écrit à la compagnie aérienne à ce sujet mais votre courrier est resté sans effet. Vous décidez d'écrire une lettre de relance afin d'obtenir réparation au dommage subi.

Situation 3

Vous rentrez de voyage au cours duquel vous avez utilisé un guide touristique. L'un des endroits qui vous a le plus touché n'était pas mentionné dans cet ouvrage. Vous pensez que c'est dommage et vous écrivez aux rédacteurs du guide en question pour les convaincre de réparer au plus vite cet oubli.

Situation 4

Vous travaillez dans une grande entreprise où de nombreux salariés sont parents de jeunes enfants (ou en âge de l'être). La plupart d'entre eux rencontrent des problèmes de garde et souhaiteraient la création d'une crèche d'entreprise. En tant que délégué du personnel, vous décidez de rédiger un rapport sur la question à l'intention de votre direction.

Situation 5

Vous êtes allé(e) voir une exposition qui vous a déçu(e). Après en avoir discuté avec un ami[1], vous décidez d'écrire aux responsables du musée pour faire part de votre déception.

activité 136 **Introduisez le sujet de manière formelle.**

1. Dans les situations proposées, vous allez vous adresser :
– à des personnes que vous ne connaissez pas : situation(s) ....
– à une hiérarchie : situation(s) ....
Cela implique que vous employiez un registre formel dès le début de votre texte.

2. Commencez vos écrits en choisissant, parmi les suivantes, une formule appropriée à chaque situation.
– *Voici la question que je voudrais aborder aujourd'hui…*
– *J'attends toujours de vos nouvelles…*
– *Lecteur de vos ouvrages depuis de nombreuses années, je souhaiterais attirer votre attention sur…*
– *Déçu, oui, je suis très déçu…*
– *Je me permets de vous écrire pour développer les commentaires…*
– *Pourquoi n'avez-vous pas répondu à…*
– *J'aimerais bien que l'on parle de…*
– *Ayant l'habitude de fréquenter votre musée, je voulais vous faire part de mes impressions…*
– *Étonnée de ne pas avoir reçu de réponse…*

Situation 1
....
....

Situation 2
....
....

Situation 3
....
....

1. *Cf.* document sonore n° 10, Transcriptions, p. 8.

Situation 4

....

....

Situation 5

....

....

activité 137 **Qualifiez l'objet de votre courrier ou de votre rapport.**

Réappropriez-vous la situation et exposez avec vos propres mots la raison de votre démarche. Selon le cas, faites part de votre mécontentement, de votre déception ou de votre préoccupation.

Lettre concernant votre point de vue en tant que client(e) du magasin

....

....

....

....

Courrier de relance adressée à la compagnie aérienne

....

....

....

....

Lettre au guide touristique pour signaler un oubli

....

....

....

....

Rapport au sujet de la crèche d'entreprise

....

....

....

....

Courrier à l'intention des responsables du musée

....

....

....

....

activité 138 **Racontez les circonstances de la situation pour convaincre.**

Quand vous racontez ce qui s'est passé, ce qui vous pousse à écrire, vous n'êtes pas dans le débat d'idées mais vous montrez que votre point de départ est une situation réelle, concrète. C'est la première étape de l'argumentation car le lecteur peut déjà identifier, voire deviner selon les cas, ce pourquoi vous vous adressez à lui.

Ici, il s'agit de donner des détails sur les faits pour donner du crédit à votre démarche. Pour chacune des situations, imaginez les circonstances et racontez-les.

Situation 1

....
....
....
....
....
....

Situation 2

....
....
....
....
....
....

Situation 3

....
....
....
....
....
....

Situation 4

....
....
....
....
....
....

Situation 5

....
....
....
....
....
....

activité 139 **Pour rendre vos récits plus réels et donc crédibles, enrichissez votre argumentation d'indications précises, voire chiffrées. Elles jouent le rôle de preuve et tendent à montrer l'objectivité de votre témoignage.**

Pensez à donner ce type d'informations : il peut s'agir de prix, d'horaires, de dimensions, de temps d'attente … trouvez des exemples appropriés à chaque situation.

Situation 1

....

....

Situation 2

....

....

Situation 3

....

....

Situation 4

....

....

Situation 5

....

....

ctivité 140 **Faites une démonstration logique : montrez le bien-fondé de votre démarche et son « objectivité ».**

Votre argumentation va s'appuyer sur une démonstration logique. Comme dans l'exemple, posez-vous les questions de ce qui peut être démontré pour servir votre démarche.

Situation 1

Pourquoi vous êtes amené à écrire (la cause, la raison) ? : *Je suis client et j'ai subi des désagréments dans le magasin en question (je propose ici de parler de points négatifs car en général on prend rarement la peine de faire un courrier à un commerce quand tout va bien).*

Quelles en sont les conséquences ? : *Je me sens lésé dans ma qualité de client et je ne suis pas certain d'avoir envie de revivre cette expérience ; je pourrais ne plus être client de ce magasin.*

Quel est le but recherché ? : *En écrivant ce courrier j'espère qu'il y aura un changement, qu'à l'avenir, les clients seront, par exemple, mieux traités.*

Situation 2

Pourquoi vous êtes amené à écrire (la cause, la raison) ? : ....

....

....

Quelles en sont les conséquences ? : ....

....

....

Quel est le but recherché ? : ....

....

....

Situation 3

Pourquoi vous êtes amené à écrire (la cause, la raison) ? : ....

....

....

Quelles en sont les conséquences ?:

Quel est le but recherché ?:

Situation 4

Pourquoi vous êtes amené à écrire (la cause, la raison) ?:

Quelles en sont les conséquences ?:

Quel est le but recherché ?:

Situation 5

Pourquoi vous êtes amené à écrire (la cause, la raison) ?:

Quelles en sont les conséquences ?:

Quel est le but recherché ?:

activité 141 **Suggérez une solution.**

La solution envisagée n'est pas de votre ressort, mais votre rôle est de la suggérer par votre écrit.

Afin de laisser un choix possible (ou du moins de le laisser entendre) essayez de proposer plusieurs solutions, même si bien sûr l'une d'entre elles a votre préférence. Montrez le « pour » et le « contre » de chacune d'elles.

Solutions pour la situation 1

Solutions pour la situation 2

Solutions pour la situation 3

....

....

....

Solutions pour la situation 4

....

....

....

Solutions pour la situation 5

....

....

....

ctivité 142 **Faites appel aux valeurs de l'interlocuteur.**

Afin de créer une connivence entre vous et votre interlocuteur, pensez à son statut et, en fonction, dites à laquelle de ses valeurs vous pourriez faire appel.

1. On peut par exemple faire appel *au sens de l'accueil* du gérant du magasin auquel on s'adresse.

2. On fait appel au .... du responsable des bagages de la compagnie aérienne.

3. On fait appel au .... des rédacteurs du guide touristique.

4. On fait appel au .... d'un chef d'entreprise.

5. On fait appel au .... de l'administrateur d'un musée.

ctivité 143 **Après avoir rempli le questionnaire de satisfaction, rédigez la lettre qui l'accompagne.**

Votre avis nous intéresse

Nom : ....
Adresse : ....
Ville – Code postal : ....
Tél. : ....
Email : ....
Âge : ....

Content ou pas content ? Dites-nous tout :

Attente	❑ positif	❑ négatif
Accueil	❑ positif	❑ négatif
Qualité des articles	❑ positif	❑ négatif
Rapport qualité/prix	❑ positif	❑ négatif
Confort de la visite	❑ positif	❑ négatif
Compétences du personnel	❑ positif	❑ négatif
Autre	❑ positif	❑ négatif

Souhaitez-vous recevoir une réponse ?

❑ oui ❑ non

activité 144 Écrivez la lettre de relance concernant votre bagage.

activité 145 Rédigez le courrier à l'intention des rédacteurs du guide touristique.

activité 146 Rédigez le rapport concernant la crèche d'entreprise.

activité 147 Rédigez la lettre adressée aux responsables du musée.

ÉPREUVES TYPES

Écrire un texte dans une situation donnée pour laquelle une prise de position personnelle doit être développée.

Vous pourriez avoir à traiter l'une des trois épreuves suivantes.

activité 148 Concours

Vous avez aimé ou détesté un film, donnez votre avis et sachez nous convaincre. Tout le mois, donnez vos impressions (et persuadez-nous quelles sont les bonnes !) sur les films du moment et les autres. Le grand gagnant remportera un Pass Ciné (valable dans tous les cinémas qui participent à l'opération) de 6 mois. Participez. Votre texte devra contenir 250 mots environ.

activité 149

Vous avez reçu une lettre d'un ami français qui fait une enquête sur la façon de vivre des jeunes de votre pays. Il vous sollicite pour que vous partagiez votre expérience et votre point de vue sur la qualité de cette vie.
Vous décidez d'y répondre. Rédigez une lettre dans laquelle vous témoignez. Votre lettre devra contenir 250 mots environ.

activité 150

Vous n'avez pas pu prendre le train pour lequel vous aviez réservé un billet. Au moment de la réservation vous aviez souscrit une assurance auprès de la SNCF vous garantissant le remboursement complet du billet en cas de problème (vous empêchant de prendre ce train).
Vous avez bien reçu un remboursement mais versé en chèque voyage, et non pas par virement bancaire comme vous vous y attendiez.
Rédigez la lettre de contestation à la SNCF. Votre lettre devra contenir 250 mots environ.

AUTO-ÉVALUATION

Vous avez fait des activités de production écrite du DELF B2.
Maintenant dites si vous êtes capable de :

1. Rédiger un témoignage, une critique, un courrier personnel
2. Écrire un essai, un rapport argumenté ou une lettre formelle

Si vous répondez « pas très bien » ou « pas bien du tout », refaites les activités concernées.
Vos réponses :

➤ *Pour rédiger un témoignage, une critique, un courrier personnel et d'écrire un essai, un rapport argumenté ou une lettre formelle, je peux :*

	Bien	Assez bien	Pas très bien	Pas bien du tout
participer à un forum de discussion et réagir à un événement, à la lecture d'un article	❑	❑	❑	❑
comprendre de quoi il s'agit et donner mon point de vue sur un fait de société, un film, un livre, une opinion	❑	❑	❑	❑
commencer mon texte, développer mon point de vue et trouver des idées	❑	❑	❑	❑
reformuler ou résumer la pensée de l'auteur du texte auquel je réagis	❑	❑	❑	❑
exprimer mon accord, adopter une position plus ou moins nuancée et écrire mon désaccord	❑	❑	❑	❑
raconter, décrire et comparer pour convaincre, suggérer une solution et illustrer mes propos par des exemples	❑	❑	❑	❑
tenir compte du destinataire du message et adapter mon registre de langue	❑	❑	❑	❑
me servir de la ponctuation pour rendre mon texte plus vivant et utiliser des paraphrases pour remplacer des mots oubliés	❑	❑	❑	❑

PRODUCTION ORALE

CHAPITRE 4
ACTIVITÉS D'EXPRESSION ORALE EN CONTINU ET EN INTERACTION

➤ *Description des activités*

Les activités d'entraînement à la production orale, en vue de l'épreuve d'oral individuel du DELF B2, sont organisées en trois parties complémentaires, selon la progression cohérente suivante :

1. Préparer la présentation d'un point de vue
2. Présenter un point de vue construit et argumenter
3. Débattre et dialoguer

Cette progression en trois parties complémentaires correspond aux différentes étapes qui structurent le déroulement de l'épreuve. Elle permettra au candidat d'intégrer une méthode d'apprentissage pour bien répondre au double objectif de l'épreuve du DELF B2 :

a. s'exprimer en continu afin de présenter et défendre un point de vue à partir d'un document déclencheur
b. interagir avec l'examinateur afin de débattre et dialoguer[1].

➤ *Démarche*

Durant votre présentation, vous vous entraînerez à :
- décrire un document de manière claire et détaillée ;
- dégager un thème de réflexion pour en débattre ;
- souligner, mettre en évidence des points importants, des aspects significatifs, des détails pertinents ;
- se poser des questions pour développer une argumentation structurée ;
- introduire le débat, la réflexion ;
- développer des arguments autour d'une question ou d'un axe de réflexion ;
- exposer clairement votre point de vue sur un problème ;
- donner des exemples appropriés pour illustrer, confirmer vos arguments ;
- nuancer, anticiper des objections possibles à votre point de vue ;
- conclure le débat, la réflexion ;
- proposer une/des perspective(s) pour ouvrir le débat.

À partir de documents supports (images ou photos incluant une partie textuelle, phrases polémiques prêtant à controverse, courts textes de type argumentatif) vous développerez votre aptitude à :
- l'observation ;
- la description ;
- l'interprétation ;
- l'argumentation ;
- la discussion.

1. Il est ici recommandé aux candidats de consulter la partie 3 du chapitre 3 Production orale du DELF B1 (« S'exprimer en continu : monologue suivi/expression d'un point de vue à partir d'un document déclencheur »). Les activités qui y sont proposées constituent une base utile de travail et d'entraînement complémentaire.

➤ *Déroulement des épreuves*

L'oral du DELF B2 (oral individuel) consiste en **une seule épreuve principale** de 50 minutes au total : **30 minutes de préparation** d'un seul sujet et **20 minutes de passation** avec l'examinateur.

Pendant les 20 minutes de passation, vous devrez :

1. présenter, défendre un point de vue construit et argumenté à partir d'un document déclencheur (image, court texte, phrase prêtant à controverse) ;
2. débattre, discuter, dialoguer avec l'examinateur.

À la suite de votre présentation, l'examinateur vous posera en effet des questions afin d'établir un dialogue où vous serez notamment amené à :

– réagir aux sollicitations de votre interlocuteur ;
– prendre des initiatives dans l'échange.

1- Préparer la présentation d'un point de vue

activité 151 Afin de vous entraîner à identifier un thème général de réflexion, lisez les titres d'article de presse (titres, sous-titres et chapeaux) et formulez vous-même le ou les thèmes auxquels ils correspondent. Certains titres peuvent faire référence à plusieurs thèmes. Les mêmes thèmes peuvent être abordés dans plusieurs titres.

Titres de presse

a.

Nouvelle tendance chic du sandwich : le « classe-croûte »
Quand les Grands Chefs innovent et inventent la sandwicherie de luxe, restauration rapide rime alors avec gastronomie, art du goût et art de vivre.

Thème(s) : ....

....

....

....

....

....

....

b.

Départs de vacances : le triste et lâche abandon sur les routes des animaux de compagnie
La Société protectrice des animaux, soutenue par BB, dénonce chaque année ce scandale tabou.

Thème(s) : ....

....

....

....

....

....

....

c.

ALERTE À L'OZONE ET RECRUDESCENCE DES AFFECTIONS RESPIRATOIRES
De plus en plus de villes françaises touchées par la pollution de l'air selon l'Observatoire national de la qualité de l'air.

Thème(s) : ....

....

....

....

....

....

....

d.

Financement des universités/ grandes écoles et frais de scolarité

« ... contre la sélection par l'argent et pour une plus grande justice », deux syndicats d'étudiants réclament la gratuité totale pour les familles modestes et des tarifs proportionnels aux revenus pour les familles aisées.

Thème(s) : ....

....

....

....

....

....

....

e.

Aggravation du chômage des jeunes

Faut-il inciter les professionnels seniors (50 ans et +) à partir en retraite anticipée pour laisser la place ? Enquête et témoignages dans les entreprises.

Thème(s) : ....

....

....

....

....

....

....

f.

« Trop chères sorties, La jeunesse résiste et s'organise ! »

Face aux tarifs de plus en plus coûteux voire prohibitifs des boîtes de nuit et clubs – entrée, boissons –, les jeunes développent une nouvelle tendance : soirées privées, *« free party »*, soirées improvisées, petits groupes. Un seul mot d'ordre : ne pas renoncer à « teufer » et s'éclater à cause des prix !

Thème(s) : ....

....

....

....

....

....

....

g.

Banques : le marché récent des prêts étudiants

Doit-on s'endetter pour financer ses études ? Réponse des banques : « Nous les aidons à investir dans leur avenir, nous les responsabilisons, nous leur donnons notre confiance, nous leur proposons une option fidélité pour un partenariat futur. »

Thème(s) : ....

....

....

....

....

....

....

h.

« ON N'ARRÊTE PAS LE PROGRÈS ? »

Le bonheur de Grazziella : à soixante ans, cette femme donne naissance à son premier enfant.

Son médecin, le docteur et professeur Archibald Auscouranti, un éminent spécialiste en biologie humaine et génie génétique, annonce que la mère et son enfant se portent à merveille.

Thème(s) : ....

....

....

....

....

....

....

i.

RÉFÉRENDUM SUR LA CONSTITUTION EUROPÉENNE : PRESSION DES MÉDIAS POUR LE « OUI »

Alors que la campagne bat son plein, les chaînes de TV notamment publiques sont accusées par certains partisans du « non » de manipuler l'opinion en faveur du « oui ». Campagne sous influence ?

Thème(s) : ....

....

....

....

....

....

....

j.

« 1 ordinateur portable = 1 euro par jour ou 2 cafés » : 1 programme pour un Internet plus proche des étudiants »

En France, la fracture numérique tend à diminuer mais l'Internet et le matériel informatique grand public restent encore chers et exclusifs. La révolution Internet ne cesse pourtant de changer la vie quotidienne et professionnelle.

Thème(s) : ....

....

....

....

....

....

k.

***Tanguy* au tribunal, c'est plus du cinéma !**

La Cour d'appel de Marseille confirme le jugement du Tribunal de grande instance.

« Les époux contractent ensemble, par le fait même du mariage, l'obligation de nourrir, entretenir et élever leurs enfants. » À 31 ans, François Tudor ne voulait pas quitter le foyer parental. Il a gagné le procès contre ses parents mariés qui lui avaient demandé de partir pour prendre ses responsabilités. En application de l'article 203 du Code civil, ils devront le réintégrer chez eux.

Thème(s) : ....

....

....

....

....

....

....

l.

Flambée du prix du pétrole : le retour des énergies renouvelables et propres ?

La hausse s'annonce durable et les spécialistes parlent de 3e choc pétrolier. Les autorités relancent les programmes de recherche et de développement pour les énergies solaire, éolienne, géothermique, biologique.

Thème(s) : ....

....

....

....

....

....

m.

Tournage au Louvre : *Da Vinci Code* au cinéma

Pour ceux qui n'auraient pas lu le livre de Dan Brown, question : lire le livre avant le film, ou attendre le film et lire le livre ?

Thème(s) : ....

....

....

....

....

....

....

n.

LE GOUVERNEMENT PRÔNE LA PARITÉ – ÉGALITÉ HOMMES-FEMMES AU TRAVAIL

« À qualifications et compétences égales, salaire égal »
Une évidence toujours trop loin de la réalité.

Thème(s) : ....

....

....

....

....

....

....

o.

« Je porte une marque, donc je suis »

Le marketing des grandes marques de vêtements et chaussures de sport ciblent les ados. Signes d'affirmation de soi, de reconnaissance, d'appartenance à un groupe les marques imposent leur culture à l'école et au collège.

Thème(s) : ....

....

....

....

....

....

....

p.

Les associations plébiscitées

Forme d'engagement préférée des Français, l'engagement associatif revêt les aspects les plus divers: culturel, social, artistique... Générateur de sens et de lien social dans la vie, il est aussi source d'épanouissement personnel.

Thème(s) : ....
....
....
....
....
....
....

q.

Musées publics de plus en plus chers

Entre patrimoine national, rentabilité commerciale et service public accessible, le ministère de la Culture et la Réunion des musées nationaux s'interrogent sur leurs priorités face au mécontentement grandissant du public. Question : les musées nationaux devraient-ils être gratuits ?

Thème(s) : ....
....
....
....
....
....

activité 152 **Entraînez-vous à cibler un sujet de réflexion à partir d'une phrase prêtant à controverse. Lisez ces affirmations ou questions polémiques et dites quel(s) thème(s) elles concernent.**
Plusieurs phrases peuvent faire référence au(x) même(s) thème(s).

a. « *Ma liberté se termine là où commence celle des autres : on ne peut pas séparer liberté individuelle et respect de l'autre.* »
Thème(s) : ....
....
....
....

b. « *Télécharger sans autorisation de la musique sur Internet est un acte qui risque de tuer la créativité des artistes ; les personnes qui commettent cela doivent être poursuivies en justice.* »
Thème(s) : ....
....
....
....

c. « *Bientôt les gens ne communiqueront que par SMS, par textos, photos numériques et plus personne ne saura comment écrire des lettres comme autrefois.* »
Thème(s) : ....
....
....
....

d. *« Les corridas et la chasse ne sont pas des activités sportives violentes et inutiles : ce sont de véritables pratiques sportives qui font partie de la tradition et du patrimoine culturel commun. »*
Thème(s) : ....
....
....
....

e. *« Les célébrités du sport comme Zidane représentent des modèles universels et peuvent faire plus que les professeurs pour l'éducation des jeunes. »*
Thème(s) : ....
....
....
....

f. *« Peut-on considérer que faire des achats, faire du shopping, soit un loisir comme les autres et que les jeunes peuvent le pratiquer sans problème ? »*
Thème(s) : ....
....
....
....

g. *« Vivons heureux, vivons cachés. »*
Thème(s) : ....
....
....
....

h. *« Les technologies de l'information (ordinateurs, Internet, caméra Internet, etc.) offrent de nouvelles manières d'apprendre et peuvent très bien remplacer les professeurs et les classes. »*
Thème(s) : ....
....
....
....

i. *« Les animaux de compagnie apportent beaucoup plus qu'une simple présence : ils peuvent aussi aider à soigner certaines maladies physiques et psychologiques. »*
Thème(s) : ....
....
....
....

j. *« L'écologie devrait-elle être obligatoire dans les programmes scolaires ? »*
Thème(s) : ....
....
....
....

k. « *Parler de gastronomie comme d'un art du goût et un art de vivre est purement scandaleux quand on connaît le nombre de personnes qui meurent de faim dans le monde.* »
Thème(s) : ....
....
....
....

l. « *Peut-on croire les journalistes quand ils disent qu'ils défendent le droit à l'information et qu'ils rapportent la vérité ?* »
Thème(s) : ....
....
....
....

m. « *Si les femmes prenaient plus leurs responsabilités familiales et travaillaient moins, il y aurait moins de chômage et la jeunesse serait mieux éduquée.* »
Thème(s) : ....
....
....
....

n. « *Le mariage est une preuve d'engagement et la plus belle preuve d'amour.* »
Thème(s) : ....
....
....
....

o. « *Travailler est une nécessité pour vivre, survivre, s'enrichir, s'épanouir.* »
Thème(s) : ....
....
....
....

p. « *Des services comme les transports, la santé, l'éducation sont de meilleure qualité quand ils sont offerts par l'État ou une administration publique.* »
Thème(s) : ....
....
....
....

q. « *Les consommateurs sont-ils tous manipulés par les messages publicitaires ?* »
Thème(s) : ....
....
....
....

r. « *L'argent ne fait pas le bonheur, mais il y contribue.* »
Thème(s) : ....
....
....
....

activité 153 **Associez les thèmes du tableau aux sujets ci-dessous. Tous les thèmes ne sont pas représentés et un sujet peut se retrouver dans plusieurs thèmes.**

a. La faim dans le monde

b. Le recyclage des déchets, des ordures ménagères

c. Les manipulations génétiques et les biotechnologies

d. La baisse de fréquentation dans les salles de cinéma

e. La discrimination positive à l'entrée des Grandes Écoles en France

f. Le développement du commerce équitable dans les pays riches

g. L'impact, les effets du tourisme dans les pays de destination

h. Les changements apportés par la révolution de l'Internet dans la vie quotidienne

i. La solidarité et l'entraide internationale (humanitaire, médicale, civile, etc.) lors de catastrophes naturelles

j. Les difficultés pour concilier vie personnelle, sentimentale, familiale et vie professionnelle

k. L'influence de la mode vestimentaire sur les comportements des gens, en particulier des jeunes

l. Les nouvelles tendances dans les activités de sorties chez les citadins

thèmes de réflexion	sujet formulé
1. L'écologie, l'environnement	
2. Le travail, le monde professionnel	
3. L'école, l'éducation, les études	
4. Les loisirs	
5. Les technologies, le progrès scientifique	
6. Les relations entre les genres (hommes/femmes)	
7. Les relations personnelles avec les autres	
8. L'homme et les animaux	
9. Les médias	
10. L'argent, la consommation	
11. La mode, les vêtements	
12. La nourriture, la gastronomie	
13. Les relations quotidiennes avec les administrations publiques et privées	
14. La vie citoyenne	
15. Les problèmes internationaux	

activité 154 Pour chacun des titres de presse déjà rencontrés dans l'activité 151, entraînez-vous à cerner et à reformuler un sujet qui suscite une discussion. Indiquez la manière de dire la plus pertinente.

a.

Nouvelle tendance chic du sandwich : le « classe-croûte »
Quand les Grands Chefs innovent et inventent la sandwicherie de luxe, restauration rapide rime alors avec gastronomie, art du goût et art de vivre.

❑ Le remplacement en France de la sandwicherie quotidienne par la sandwicherie gastronomique de luxe
❑ L'alliance, grâce aux grands chefs, de la gastronomie de luxe avec la restauration rapide conventionnelle
❑ Le rejet par les Français de la restauration rapide conventionnelle et leur préférence pour la restauration rapide haut de gamme

b.

Départs de vacances : le triste et lâche abandon sur les routes des animaux de compagnie
La Société protectrice des animaux, soutenue par BB, dénonce chaque année ce scandale tabou.

❑ Le comportement irresponsable et scandaleux des propriétaires d'animaux domestiques
❑ La tristesse des animaux domestiques séparés de leurs maîtres pendant les vacances
❑ L'insuffisance des structures de garde d'animaux domestiques en période de vacances

c.

ALERTE À L'OZONE ET RECRUDESCENCE DES AFFECTIONS RESPIRATOIRES
De plus en plus de villes françaises touchées par la pollution de l'air selon l'Observatoire national de la qualité de l'air.

❑ Les villes françaises connaissent une augmentation de la pollution atmosphérique
❑ Conséquences sanitaires et médicales de l'augmentation de la pollution atmosphérique
❑ Épidémies de maladies respiratoires dans les villes françaises

d.

Financement des universités/grandes écoles et frais de scolarité
« ... contre la sélection par l'argent et pour une plus grande justice », deux syndicats d'étudiants réclament la gratuité totale pour les familles modestes et des tarifs proportionnels aux revenus pour les familles aisées.

❑ Question de la gratuité des frais de scolarité dans l'enseignement supérieur en France
❑ Question des inégalités économiques et sociales et paiement des frais de scolarité dans l'enseignement supérieur en France
❑ Projet de réforme du mode de paiement des frais de scolarité dans l'enseignement supérieur en France

e.

Aggravation du chômage des jeunes

Faut-il inciter les professionnels seniors (50 ans et +) à partir en retraite anticipée pour laisser la place ? Enquête et témoignages dans les entreprises.

❏ Le problème général de l'insertion professionnelle des jeunes sur le marché de l'emploi
❏ La concurrence sur le marché de l'emploi entre professionnels juniors et seniors
❏ Mesure de solidarité entre générations prise en faveur de l'emploi des jeunes

f.

« Trop chères sorties, La jeunesse résiste et s'organise ! »

Face aux tarifs de plus en plus coûteux voire prohibitifs des boîtes de nuit et clubs – entrée, boissons –, les jeunes développent une nouvelle tendance : soirées privées, « *free party* », soirées improvisées, petits groupes. Un seul mot d'ordre : ne pas renoncer à « teufer » et s'éclater à cause des prix !

❏ L'augmentation du budget de dépense de sorties et loisirs chez les jeunes
❏ Diminution du nombre de sorties récréatives chez les jeunes en raison de la hausse des tarifs
❏ Développement de nouveaux modes de sorties chez les jeunes du fait de la hausse des tarifs

g.

Banques : le marché récent des prêts étudiants

Doit-on s'endetter pour financer ses études ? Réponse des banques : « Nous les aidons à investir dans leur avenir, nous les responsabilisons, nous leur donnons notre confiance, nous leur proposons une option fidélité pour un partenariat futur. »

❏ Le développement du marché des prêts bancaires étudiants : un autre moyen pour le financement des études
❏ Les inconvénients et les dangers de l'offre de prêts bancaires étudiants pour le financement des études
❏ Les avantages des prêts bancaires étudiants pour le financement des études

h.

« ON N'ARRÊTE PAS LE PROGRÈS ? »

Le bonheur de Grazziella : à soixante ans, cette femme donne naissance à son premier enfant.

Son médecin, le docteur et professeur Archibald Auscouranti, un éminent spécialiste en biologie humaine et génie génétique, annonce que la mère et son enfant se portent à merveille.

❏ Les miracles de la science et de la médecine au service du bonheur humain
❏ Le progrès scientifique et les performances médicales
❏ Le développement des techniques scientifiques et médicales et les questions d'éthique

i.

RÉFÉRENDUM SUR LA CONSTITUTION EUROPÉENNE :
PRESSION DES MÉDIAS POUR LE « OUI »

Alors que la campagne bat son plein, les chaînes de TV notamment publiques sont accusées par certains partisans du « non » de manipuler l'opinion en faveur du « oui ». Campagne sous influence ?

❑ La participation des médias au débat sur le projet de Constitution européenne
❑ Critiques de l'engagement des médias dans le débat sur le projet de Constitution européenne
❑ Dénonciation de l'ingérence des médias dans le débat sur le projet de Constitution européenne

activité 155 Rédigez sous forme d'une question, avec vos propres mots, le problème que soulèvent ces titres déjà rencontrés dans l'activité 151.

j.

« 1 ordinateur portable = 1 euro par jour ou 2 cafés » : 1 programme pour un Internet plus proche des étudiants »

En France, la fracture numérique tend à diminuer mais l'Internet et le matériel informatique grand public restent encore chers et exclusifs. La révolution Internet ne cesse pourtant de changer la vie quotidienne et professionnelle.

....

....

....

....

....

....

k.

***Tanguy* au tribunal, c'est plus du cinéma !**

La Cour d'appel de Marseille confirme le jugement du Tribunal de grande instance.

« Les époux contractent ensemble, par le fait même du mariage, l'obligation de nourrir, entretenir et élever leurs enfants. » À 31 ans, François Tudor ne voulait pas quitter le foyer parental. Il a gagné le procès contre ses parents mariés qui lui avaient demandé de partir pour prendre ses responsabilités. En application de l'article 203 du Code civil, ils devront le réintégrer chez eux.

....

....

....

....

....

l.

Flambée du prix du pétrole : le retour des énergies renouvelables et propres ?

La hausse s'annonce durable et les spécialistes parlent de 3e choc pétrolier. Les autorités relancent les programmes de recherche et de développement pour les énergies solaire, éolienne, géothermique, biologique.

....
....
....
....
....

m.

Tournage au Louvre : *Da Vinci Code* au cinéma

Pour ceux qui n'auraient pas lu le livre de Dan Brown, question : lire le livre avant le film, ou attendre le film et lire le livre ?

....
....
....
....
....

n.

LE GOUVERNEMENT PRÔNE LA PARITÉ – ÉGALITÉ HOMMES-FEMMES AU TRAVAIL

« À qualifications et compétences égales, salaire égal »
une évidence toujours trop loin de la réalité.

....
....
....
....
....

o.

« Je porte une marque, donc je suis »

Le marketing des grandes marques de vêtements et chaussures de sport ciblent les ados. Signes d'affirmation de soi, de reconnaissance, d'appartenance à un groupe les marques imposent leur culture à l'école et au collège.

....
....
....
....
....

p.

Les associations plébiscitées

Forme d'engagement préférée des Français, l'engagement associatif revêt les aspects les plus divers : culturel, social, artistique... Générateur de sens et de lien social dans la vie, il est aussi source d'épanouissement personnel.

....

....

....

....

....

....

q.

Musées publics de plus en plus chers

Entre patrimoine national, rentabilité commerciale et service public accessible, le ministère de la Culture et la Réunion des musées nationaux s'interrogent sur leurs priorités face au mécontentement grandissant du public. Question : les musées nationaux devraient-ils être gratuits ?

....

....

....

....

....

....

ctivité 156

La biodiversité, c'est la vie ! La protéger, c'est nous préserver.
La nature qui nous entoure est un extraordinaire creuset de vies végétales et animales qui se complètent et interagissent.
Or, en lui portant atteinte, les excès du progrès mettent aussi l'homme en péril.
Il devient donc urgent de réconcilier les avancées de la modernité et la préservation de notre précieux patrimoine.
Par des actions simples, par de petites attentions quotidiennes, chacun d'entre nous a le pouvoir de réduire son empreinte écologique. Parce qu'il est encore temps d'agir, apprenons à vivre autrement pour vivre bien, pour vivre mieux.

Depuis 10 ans, la Fondation Nature & Découvertes soutient les projets des associations qui préservent la nature et sa diversité. Pour 2005 et 2006, elle s'engage à leur allouer 1,3 million d'euros pour leurs actions en faveur de la biodiversité.

Fondation
Nature
& Découvertes
sous l'égide de la Fondation de France

www.natureetdecouvertes.com/fondation

Cette campagne de communication est offerte par les magasins Nature & Découvertes

1. Observez le document : « Et si on vivait autrement ? » de la Fondation Nature & Découvertes. De quelle façon est-il construit ?

2. Ce message a trois objectifs, trouvez-les.

3. Identifiez trois extraits de phrases qui résument le message. Recopiez-les

activité 157 **1.** *Été : les Français sont fous de télé :* expliquez ce titre.

....

....

....

....

....

2. Retrouvez les informations qui complètent ce titre.

....

....

....

....

....

3. Écrivez, sous forme de questions, deux sujets de débat soulevés par ce document.

....

....

....

....

....

0,90 €

Edition de Paris

le Parisien

MARDI 2 AOUT 2005 www.leparisien.com N° 18941

Eté : les Français sont fous de télé

SUCCES. Le mois de juillet 2005 restera dans les annales : les chaînes françaises ont réalisé des audiences records pour cette saison. La recette : moins de rediffusions et plus d'inédits. Séries ou feuilletons, téléréalité ou divertissements, tous les programmes originaux ont fait recette, à l'image de « Dolmen » (TF 1), qui a séduit en moyenne plus de 12 millions de téléspectateurs, de « FBI » (France 2) ou de « Koh-Lanta » (TF 1), dont l'audience a frôlé les 7 millions. Notre journal décrypte une réussite qui fait la part belle à la création et à la nouveauté.

PAGES 2 ET 3

activité 158

1. Résumez l'anecdote présentée dans cette bande dessinée.

....

....

....

....

2. Quel(s) phénomène(s) du monde professionnel cette bande dessinée présente-elle ?

....

....

3. Comment et pourquoi cette bande dessinée présente-t-elle les problèmes évoqués précédemment ?

....

....

....

....

....

....

Activité 159 Observez le document page 122.

1. De quel type de document s'agit-il ?

....

2. Comment le document est-il construit ?

....

....

....

3. Quelle partie du document vous semble la plus importante dans le choix de communication de l'annonceur Chronopost ?

....

....

....

4. Quelles sont les intentions du message de l'annonceur Chronopost.

....

....

....

....

....

....

5. Citez plusieurs thèmes possibles de discussion, suggérés par le document.

....

....

....

....

....

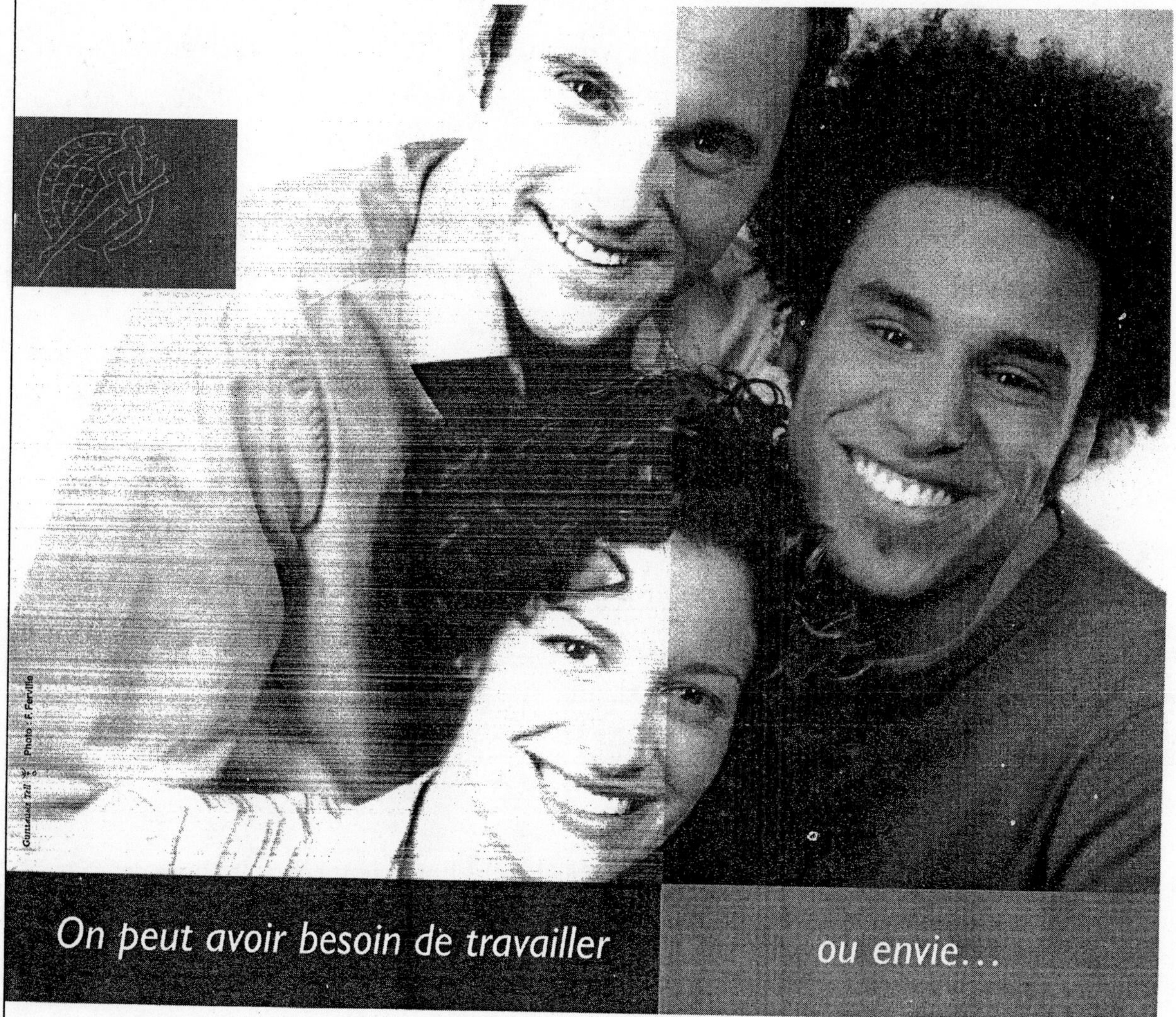

Guillaume Tell – Photo : F. Ferville

On peut avoir besoin de travailler

ou envie...

Vivez votre métier haut en couleurs chez Chronopost International !
Avec des performances qui nous placent comme un acteur incontournable dans la livraison express. Avec des valeurs privilégiant la considération, l'engagement, la solidarité, l'expertise et l'initiative. Avec un management qui favorise l'écoute, la formation et la mobilité comme première source de recrutement. Avec notre palette de projets tournés vers la conquête de nouveaux marchés. Rejoignez-nous !

- **Spécialiste européen du transport et de la livraison express, pour les entreprises comme pour les particuliers**
- **Filiale du Groupe La Poste**
- **220 pays et territoires desservis**
- **5 800 collaborateurs dont 4 260 en France**

Découvrez nos opportunités :
www.chronopost.fr

ctivité 160

En travaillant le 16 mai,
cet homme permettra de
fabriquer un chariot élévateur
pour fauteuil roulant.

La fraternité n'est pas qu'un mot. En travaillant le lundi 16 mai, vous contribuerez à financer des actions concrètes en faveur des personnes âgées ou handicapées. Les 2 milliards d'euros collectés grâce à cette journée seront intégralement consacrés, par la Caisse Nationale de Solidarité pour l'Autonomie (CNSA), à l'aide aux personnes âgées (1,2 milliard d'euros) ou handicapées (800 millions d'euros). Ce nouvel organisme dédié à la prise en charge de la dépendance, sous contrôle du Parlement et de la Cour des Comptes, garantit que ces fonds serviront exclusivement à :

- permettre aux personnes âgées de vivre chez elles le plus longtemps possible, comme elles le souhaitent.
- médicaliser, en 2005, 1600 maisons de retraite, dont 100 seront de nouvelles constructions.
- verser une prestation de compensation du handicap pour prendre en charge de façon personnalisée les surcoûts de toutes natures.
- personnaliser les aides pour généraliser et rendre effectif l'accès des handicapés à l'école, à l'université, aux transports, aux bâtiments, à l'emploi…

Au total, plus de 30 000 emplois spécialisés seront ainsi créés en 2005 grâce à cette journée.

www.journeedesolidarite.gouv.fr

1. Notez l'institution qui est à l'origine de ce document. Identifiez ensuite le point commun entre la mention « Lundi 16 mai, Journée de Solidarité » et les valeurs de cette institution.

....

....

2. Expliquez la finalité d'un tel document.

....

....

3. Quelles catégories de personnes bénéficieront de la Journée de Solidarité ? **Interrogez-vous sur leur place, leur statut, leurs conditions de vie dans nos sociétés actuelles.**

....

....

....

....

....

....

....

....

4. Faites ressortir les différents problèmes soulevés par le message et les informations présentées dans ce document.

....

....

....

....

....

....

activité 161

Observez le document page 125

1. À quel domaine, le thème de la recherche est-il associé sur cette page de couverture ?

....

....

....

2. Faites une hypothèse sur le sigle « R & D » et retrouvez ce qu'il veut dire.

- ❑ Ressources et Développement
- ❑ Recherche et Dangers
- ❑ Recherche et Développement

activité 162

1. Quand on vous parle de recherche, à quels autres domaines ou secteurs d'activités pensez-vous ?

....

....

....

....

....

2. À quels problèmes, la recherche pourrait-elle apporter une amélioration ou une solution ? Classez-les par ordre de priorité selon vous.

....

....

....

....

....

0,50 € - DU 30 MAI AU 5 JUIN 2005 - N°33

économiematin

LE PREMIER HEBDO DE L'ÉCO - WWW.ECONOMIEMATIN.COM

LA RECHERCHE un pari sur l'avenir

• France : 34,6 milliards d'euros/an en R&D

• Entreprises : + 30 % d'investissements en 10 ans

Événement p. 2-3 et 5

- Les Français achètent leurs oints de retraite

a vérité sur le prix 'un café au bar

6 et 10

NUMÉROS SURTAXÉS
Jusqu'à 25 % de la facture téléphone des entreprises

Actu éco p. 8

activité 163

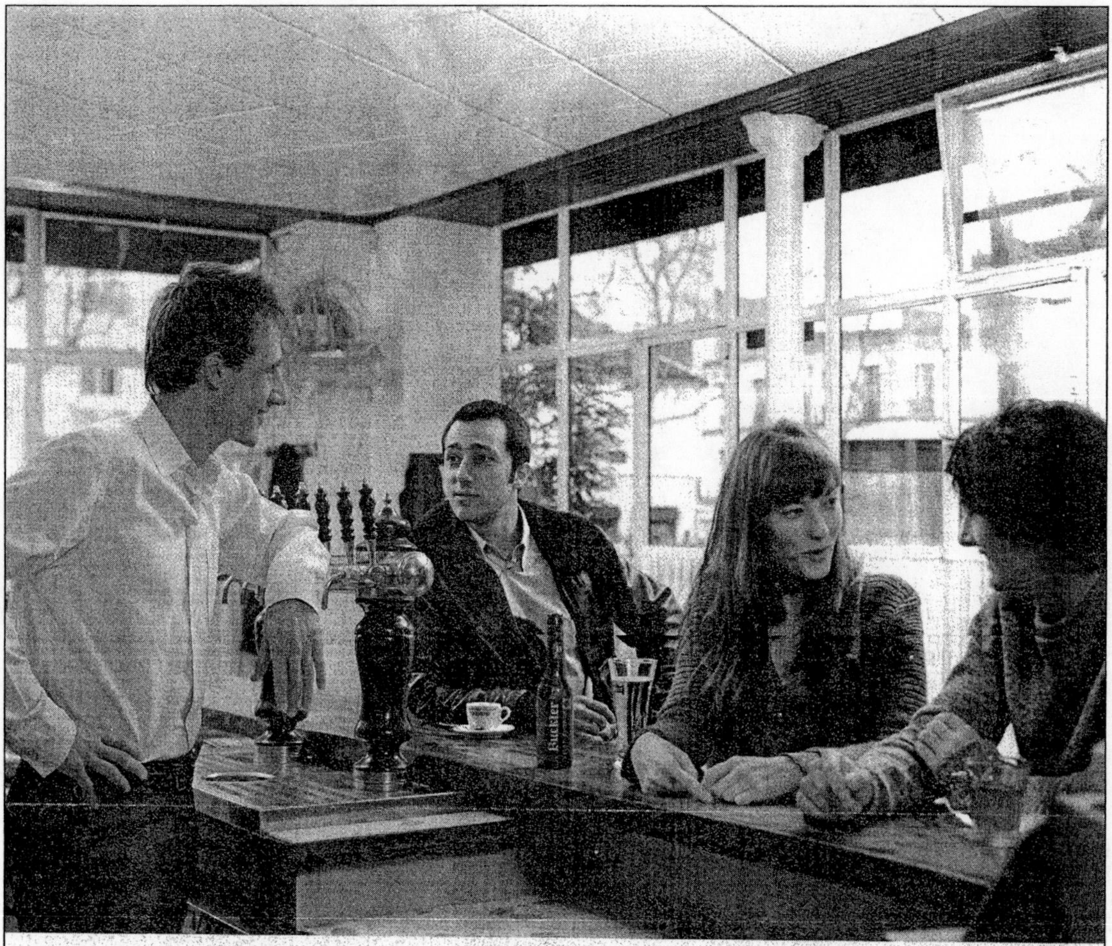

On n'est jamais seul dans un café.

Johnny Hallyday

LE CAFÉ, DES MOMENTS À PART.

1. Comment interprétez-vous la phrase du document : « On est jamais seul dans un café » ?
Cochez l'interprétation la plus proche du message de la publicité France Boissons.

- ❑ Un café est toujours fréquenté et on y trouve toujours beaucoup de monde.
- ❑ Dans un café, il faut toujours prêter attention aux autres clients.
- ❑ Dans un café, on est toujours en relation avec les autres.

2. Justifiez votre choix en développant votre interprétation.

....
....
....
....
....
....
....
....
....
....

3. Quelle est l'intention et quel est l'objectif de France Boissons à travers le message « Le café, des moments à part » ?

....
....
....
....
....
....
....
....
....

tivité 164 **1. Lisez maintenant le texte de presse de *Dépêches du Mois*.**

> Vous souvenez-vous… ! En 1998, c'était, « Rendez-vous au café ! », en 1999, c'était « Le café, c'est la vie » en 2000, c'était « Retrouvons-nous au café », en 2001, c'était « Le bar, c'est plus qu'un bar »… Au fil des années France Boissons n'a pas cessé de développer ses campagnes de communication centrées sur cet endroit si familier des Français, si présent dans nos paysages urbains et ruraux mais de plus en plus menacé de disparition, du moins dans sa forme traditionnelle… En 2005, ce sera donc « Le café, des moments à part ». Après avoir communiqué sur le thème des fonctions sociales, culturelles, artistiques de ces lieux qu'on appelle tour à tour cafés, bistros, ou bars « du coin », France Boissons continue de nous rappeler que le café est véritablement un lieu de vie quotidien, où se déroulent à différentes heures de la journée des événements, des interactions conviviales qui dépassent le cadre de la simple transaction économique.
>
> *Dépêches du Mois*, juin 2005.

2. Dites quelle image des cafés se dégage à partir des campagnes de communication faites par France Boissons.

....

....

....

....

....

....

....

3. À quels thèmes de discussion pouvez-vous rapporter ces deux documents ?

....

....

....

....

activité 165

Vendredi 7 octobre 2005
Paris Métro/07

Des films plein les poches

Le Forum des images organise la première édition du festival Pocket films

LE FESTIVAL Pocket films est né d'une idée de Laurence Herszberg, directrice du Forum des images. En plus des innovations technologiques, il fallait du culot pour créer un événement entièrement conçu à partir de téléphones portables. Il aura fallu plus d'un an à l'équipe du Forum pour que le projet voie le jour.

En mai, grâce à un partenariat avec Nokia et SFR, le Forum met à disposition d'artistes des portables munis de caméra et leur demande de réaliser des films, en leur laissant le choix de la durée et du thème. Photographes, vidéastes, écrivains, étudiants en cinéma, tous vont immortaliser sur leur mobile, de jour comme de nuit, quelques instants de leur vie.

Des images uniques

Les images réalisées à partir d'un portable offrent une vision nouvelle et unique du sujet filmé. « L'objet de ce festival est de montrer qu'à partir d'un téléphone portable, il est possible de créer un projet artistique, de tourner un film en temps réel et de l'envoyer en quelques secondes à des dizaines de personnes », explique Benoît Labourdette, qui a dirigé le projet.

À vous de jouer

Avis aux amateurs : le Forum propose aux spectateurs de tourner eux aussi des films à partir d'un portable qui sera mis à leur disposition. Ils pourront ensuite les monter avec l'aide de professionnels, puis, s'ils le souhaitent, les envoyer via le Web.

Demain, le public pourra également participer à deux tables rondes sur les thèmes « La pratique de la vidéo mobile » (à 15h 15) et « Le téléphone peut-il devenir un outil de création ? » (à 16h 30). Dimanche, le débat portera sur « Les enjeux sociaux du téléphone mobile » (à 16 h 15). À noter également la soirée Pockey mix, premier cinémix d'images tournées à partir de téléphones, organisée demain à 20h 30 en présence de DJ Joakim et de 3 VJ.

Aurélie Sarrot

Festival Pocket film,
jusqu'à dimanche au
Forum des images,
Forum des Halles,
porte Saint-Eustache, 1er.
Entrée libre.
Informations : 01 44 76 62 00 ou
www.forumdesimages.net

1. Le festival Pocket films se fonde sur l'exploitation d'un objet d'usage courant, lequel ?

....

2. Qui sont les partenaires du Forum des Images pour l'organisation de la première édition du festival Pocket films ?

....

3. À quelles catégories de personnes est-ce que ce festival fait appel ?

....

4. Quel projet est-il confié à ces personnes ?

....

5. Quel est l'objectif de cet événement culturel ?

....

6. Quelles activités sont proposées à l'occasion du festival ?

....

ctivité 166 À partir de l'article « Des films plein les poches », vous discutez des différents enjeux du festival Pocket films. Faites une liste, sous forme de questions, de ces différents enjeux possibles.

....

....

....

....

2- Présenter un point de vue construit et argumenter

ctivité 167 Voici des conseils pour construire l'introduction d'une présentation. Ils ont été notés dans le désordre : remettez-les en ordre de 1 à 5.
Pour construire l'introduction d'une présentation, il est possible de procéder ainsi :

… : Proposer, sous la forme d'un plan cohérent, une manière possible de traiter le sujet et d'exprimer un point de vue.
… : Décrire le document en précisant de quoi il est constitué et en montrant comment il est construit.
… : Donner un exemple qui montre l'importance, l'intérêt ou l'actualité du sujet.
… : Dégager le sujet qu'il aborde ou poser le problème qu'il soulève.
… : Présenter le document à partir duquel on a travaillé, à savoir, dire de quel type de document il s'agit et donner ses références.

ctivité 168

« ON N'ARRÊTE PAS LE PROGRÈS ? »

Le bonheur de Grazziella : à soixante ans, cette femme donne naissance à son premier enfant.

Son médecin, le docteur et professeur Archibald Auscouranti, un éminent spécialiste en biologie humaine et génie génétique, annonce que la mère et son enfant se portent à merveille.

Sélectionnez trois questions les plus en relation avec le sujet posé. Soulignez-les et numérotez-les afin d'envisager une structure pour votre développement.

… : **a.** Les questions éthiques/morales sont-elles indépendantes du développement de la science et de la médecine ou doivent-elles l'influencer ?

… : **b.** Le progrès de la science et de la médecine est-il une mauvaise chose pour le bonheur humain ?

… : **c.** La réussite médicale du docteur et professeur Archibald Auscouranti est-elle extraordinaire ?

… : **d.** À quelles conditions les progrès de la science et de la médecine peuvent-ils contribuer au bonheur humain ?

… **e.** Une femme peut-elle devenir mère à n'importe quel âge, même si la science le lui permet ?

… : **f.** Peut-on faire confiance à la médecine et aux médecins

activité 169

Tournage au Louvre : *Da Vinci Code* au cinéma

Pour ceux qui n'auraient pas lu le livre de Dan Brown, question : lire le livre avant le film, ou attendre le film et lire le livre ?

Trouvez les éléments d'argumentation les plus en relation avec le sujet posé. Classez-les afin d'envisager une structure pour votre développement.

… : **a.** Lire un livre original et voir son adaptation cinématographique sont deux types d'activités et deux types de plaisirs qu'on peut apprécier différemment.

… : **b.** Un livre original est toujours meilleur que son adaptation au cinéma.

… : **c.** L'industrie du film dépend de la création d'œuvres littéraires.

… : **d.** Un auteur de livre écrit toujours une œuvre pour la vendre ensuite à des producteurs de cinéma.

… : **e.** Voir l'adaptation d'un livre au cinéma peut donner l'envie de lire le livre original.

… : **f.** Avoir lu un livre avant d'aller voir son adaptation au cinéma rend le spectateur beaucoup plus critique à l'égard du film.

activité 170

Tanguy au tribunal, c'est plus du cinéma !

La Cour d'appel de Marseille confirme le jugement du Tribunal de grande instance. « Les époux contractent ensemble, par le fait même du mariage, l'obligation de nourrir, entretenir et élever leurs enfants. » À 31 ans, François Tudor ne voulait pas quitter le foyer parental. Il a gagné le procès contre ses parents mariés qui lui avaient demandé de partir pour prendre ses responsabilités. En application de l'article 203 du Code civil, ils devront le réintégrer chez eux.

Développez votre point de vue avec vos arguments et donnez des exemples. Organisez votre travail en parties cohérentes.

……………………………………………………………………………………………

ctivité 171 **Dans un forum de discussion sur l'Internet, un débat a lieu sur le sujet qui reprend les termes de la phrase polémique : « Si les femmes prenaient plus leurs responsabilités familiales et travaillaient moins, il y aurait moins de chômage et la jeunesse serait mieux éduquée. »**

Un internaute exprime sa position en disant que :

« **1.** *D'une part, les responsabilités familiales ainsi que l'éducation des enfants ne concernent pas exclusivement les femmes et le chômage a des causes multiples.*

2. *D'autre part, les femmes ont été trop longtemps exclues du monde professionnel : leur présence dans le monde du travail correspond une évolution positive pour la société.*

3. *Enfin, le chômage est un problème qui doit mobiliser la société tout entière et d'autres structures ou institutions de la société sont aussi responsables de l'éducation des jeunes.* »

Vous partagez pleinement le point de vue de cet internaute : vous décidez donc de contribuer au débat de ce forum de discussion en proposant, pour chacun de ces trois points, des arguments et des exemples précis.

activité 172 **1.** Lisez ce message électronique **A**, le document attaché **B** et relisez la une du *Parisien* du mardi 2 août 2005 : « Été : les Français sont fous de télé ».

A

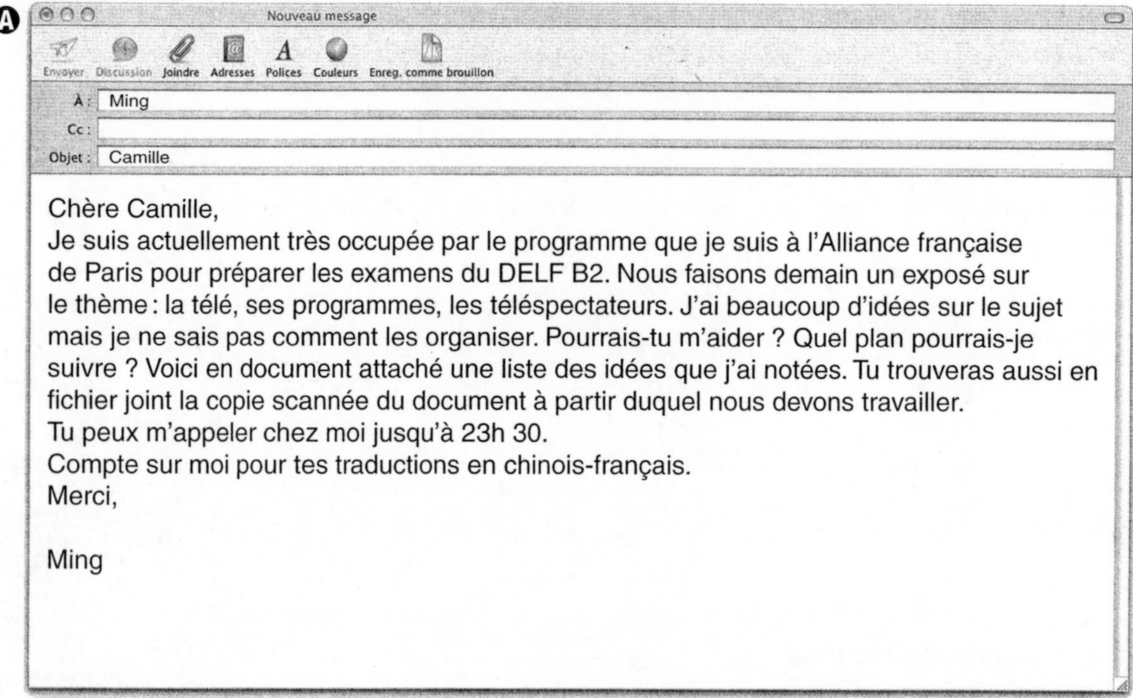
Nouveau message

Envoyer Discussion Joindre Adresses Polices Couleurs Enreg. comme brouillon

À : Ming

Cc :

Objet : Camille

Chère Camille,
Je suis actuellement très occupée par le programme que je suis à l'Alliance française de Paris pour préparer les examens du DELF B2. Nous faisons demain un exposé sur le thème : la télé, ses programmes, les téléspectateurs. J'ai beaucoup d'idées sur le sujet mais je ne sais pas comment les organiser. Pourrais-tu m'aider ? Quel plan pourrais-je suivre ? Voici en document attaché une liste des idées que j'ai notées. Tu trouveras aussi en fichier joint la copie scannée du document à partir duquel nous devons travailler.
Tu peux m'appeler chez moi jusqu'à 23h 30.
Compte sur moi pour tes traductions en chinois-français.
Merci,

Ming

0,90 €

Edition de Paris

le Parisien

MARDI 2 AOUT 2005 www.leparisien.com N° 18941

Eté : les Français sont fous de télé

SUCCES. Le mois de juillet 2005 restera dans les annales : les chaînes françaises ont réalisé des audiences records pour cette saison. La recette : moins de rediffusions et plus d'inédits. Séries ou feuilletons, téléréalité ou divertissements, tous les programmes originaux ont fait recette, à l'image de « Dolmen » (TF 1), qui a séduit en moyenne plus de 12 millions de téléspectateurs, de « FBI » (France 2) ou de « Koh-Lanta » (TF 1), dont l'audience a frôlé les 7 millions. Notre journal décrypte une réussite qui fait la part belle à la création et à la nouveauté.

PAGES 2 ET 3

B

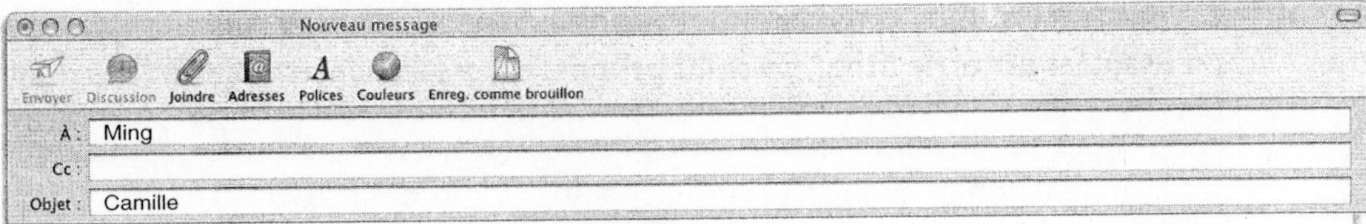

Chère Camille, voici les idées que j'ai notées :

1. Très souvent les chaînes de télévision généralistes ne se préoccupent pas de proposer des programmes intéressants ou originaux : ce sont très souvent les mêmes types de programme qu'on retrouve d'une chaîne à l'autre. Il y a en effet beaucoup de ressemblances entre ces programmes parce que les producteurs et les directeurs de la programmation ont compris que les téléspectateurs se laissaient séduire au début par un certain type de programme comme les jeux ou la télé réalité et qu'ensuite ces téléspectateurs gardaient leurs habitudes. La concurrence oblige à copier ou s'inspirer des autres. À la fin cependant, cela ennuie tout le monde.

2. Les chaînes de télévision généralistes devraient avoir une fonction d'ouverture sur le monde et sur tous les aspects de la culture et des loisirs et par conséquent elles devraient s'efforcer de proposer une grande diversité de programmes a des heures de grande audience : les thèmes traités devraient être à la fois nationaux, régionaux et internationaux, et pas seulement pendant les programmes traditionnels d'informations (journaux télévisés).

3. Les chaînes de télévision généralistes ne peuvent pas rivaliser avec l'industrie du cinéma qui dispose de moyens financiers beaucoup plus importants. Les chaînes n'ont souvent pas les moyens suffisants pour produire elles-mêmes des séries ou des films télévisés qui ont beaucoup d'originalité et de valeur artistique. D'un point de vue commercial, elles sont souvent obligées de se positionner avec des produits audiovisuels moyen ou bas de gamme : les programmes haut de gamme restent toujours limités et exceptionnels.

4. Les téléspectateurs savent toujours reconnaître un bon programme : ils témoignent toujours de leur intérêt et de leur fidélité d'audience quand ils constatent qu'un réel effort de qualité a été fait pour retenir leur attention.

5. Les chaînes de télévision ont des objectifs commerciaux : elles vivent essentiellement des profits tirés de la publicité. Par conséquent, quand un type de programme « fait » de l'audience en attirant les téléspectateurs, les chaînes ont tendance à garder les mêmes programmes et à les rediffuser. En France, l'été est la saison où les chaînes se contentent de proposer les programmes diffusés pendant l'année de septembre à juin.

6. Il faudrait qu'une réelle politique soit décidée à la direction des chaînes généralistes publiques et privées pour encourager la création et l'innovation : on pourrait imaginer des partenariats entre les chaînes et des compagnies ou entreprises privées. Ces dernières pourraient parrainer financièrement des projets pour produire des programmes de qualité. Cela apporterait plus de moyens financiers aux chaînes, publiques notamment, renforcerait la publicité et l'image des compagnies ou entreprises privées. Par ailleurs, l'État pourrait par l'intermédiaire du ministère de la Culture, subventionner partiellement certains programmes reconnus d'intérêt artistique, culturel et public.

7. Les chaînes de télévision peuvent aussi avoir un rôle d'éducation pour inciter les téléspectateurs à s'intéresser à des types de programmes dont ils n'ont pas forcément l'habitude, comme certains programmes culturels ou scientifiques considérés comme trop élitistes et pas assez populaires.

2. Vous êtes Camille, vous répondez positivement au courrier électronique de Ming. En lisant les notes de Ming, vous lui proposez d'organiser ses idées en deux parties, regroupez-les de manière cohérente. Pensez aussi à conseiller Ming pour l'introduction et la conclusion de sa présentation, en vous aidant des activités 167 et 185.
Réponse de Camille à Ming sur format e-mail.

Nouveau message

Envoyer Discussion Joindre Adresses Polices Couleurs Enreg. comme brouillon

À : Ming

Cc :

Objet :

activité 173 En lisant la note 4, Camille suggère à Ming de développer ses idées autour de la question : « Comment pourrait-on définir un programme de télévision attractif ? » Vous êtes dans le rôle de Camille : faites des propositions à Ming.

....

....

....

....

....

....

....

....

....

activité 174 Dans son courrier électronique, Ming propose à Camille de l'appeler éventuellement chez elle.
Imaginez la conversation.

- Tout d'abord Camille demande à Ming des précisions sur chacune des idées notées pour s'assurer qu'elle a bien compris.
- Ensuite, elle lui fait une proposition pour organiser ces idées de façon cohérente.

activité 175 Vous avez montré la bande dessinée humoristique « Mlle Legrand, Diplômée de l'ENA, de Polytechnique et d'Harvard… au poste de standardiste » à l'un de vos collègues de travail. Celui-ci veut bien comprendre les problèmes auxquels fait référence le dessinateur. Cependant, il considère qu'il y aura toujours des différences de traitement entre les hommes et les femmes dans le monde professionnel.

Il pense en effet :
- d'une part, que le monde de l'entreprise est un milieu initialement masculin, aux rapports humains souvent durs, et que les femmes ne peuvent pas y être aussi performantes que les hommes ;
- d'autre part, qu'à formation initiale égale, un recruteur/un entrepreneur aura souvent tendance à préférer un candidat masculin parce qu'il sera toujours plus disponible et présentera moins de risque d'absentéisme ;
- et enfin que c'est pour des raisons pratiques que les sociétés avaient toujours exercé une pression sociale et culturelle pour que les femmes donnent priorité à des responsabilités familiales plutôt qu'à un engagement professionnel.

À vous de trouver des arguments exemplifiés pour contredire point par point ce collègue.

....

....

....

....

....

....

....

EN COUVERTURE. TOUT CE QUE VOUS VOULEZ SAVOIR SUR LE SEXE...
Permettez-moi de vous présenter Mlle Legrand.
Diplômée de l'ENA, Polytechnique et d'Harvard ...
... d'où elle est sortie première de sa promotion !
Bravo !
Elle a bien sûr été sollicitée par les plus grandes entreprises...
...et les deux années qu'elle a passées chez Microworld ont été marquées par un bond spectaculaire de la rentabilité !
Pour terminer, j'ajouterai qu'elle parle couramment cinq langues.
Excellent !
Bref, nous avons là quelqu'un d'exceptionnel ...
... et si vous en êtes d'accord, je propose de lui confier notre poste de standardiste !
MUZO
Enjeux Juillet-Août 2004 97

ctivité 176 **Un autre collègue masculin prend également connaissance de la bande dessinée et intervient dans votre discussion. Il défend, quant à lui, l'opinion selon laquelle :**

– Il est vrai que la parité et l'égalité hommes-femmes dans le monde professionnel n'existe pas à cause de raisons à la fois éducatives, culturelles, et sociales.
– Cette situation n'est plus acceptable dans le monde actuel et qu'il faut encourager une représentation plus équitable des femmes dans les milieux professionnels.
– La société tout entière aurait à gagner à ce type d'évolution, d'un point de vue non seulement économique mais aussi moral et humain.

Vous partagez entièrement le point de vue de cette personne : développez vos arguments pour chaque point défendu en vous appuyant sur des exemples.

activité 177 Voici un plan pour organiser un point de vue à partir du document « Lundi 16 mai 2005, Journée de Solidarité » (voir activité 160, p. 123). Replacez dans le plan de développement, les arguments proposés dans la liste.

Partie 1

Quelles sont les difficultés, les problèmes quotidiens auxquels les personnes âgées et/ ou handicapées sont confrontées ?

....
....
....
....
....
....
....

Partie 2

Quelles solutions peut-on proposer pour améliorer les conditions de vie des personnes âgées et/ou handicapées ?

....
....
....
....
....
....
....

Partie 3

La Solidarité à l'égard des personnes âgées et/ou handicapées doit-elle être imposée et organisée par l'État ou doit-elle être/rester l'affaire des initiatives individuelles et privées ?

....
....
....
....
....
....
....

Liste des arguments

a. Dans certaines sociétés, les personnes âgées vivent séparément de leurs enfants et doivent souvent faire face à la solitude. Les différentes générations ne vivent plus comme à une certaine époque dans l'espace d'une même maison ou d'un même lieu d'habitation.

b. Tous les lieux publics devraient être équipés d'infrastructures pour faciliter l'accès et les déplacements des personnes âgées et/ou handicapées.

c. La solidarité est une valeur humaine et humaniste qui doit s'exprimer spontanément et naturellement et non pas de manière obligée et contrainte. On ne peut pas forcer les gens à se sentir solidaires des autres : il y a là un problème moral de liberté d'action et d'expression. C'est aussi une question d'éducation et de formation des consciences individuelles.

d. Le système éducatif pourrait organiser des journées pour sensibiliser les jeunes générations à la condition des personnes âgées et/ou handicapées.

e. Il faudrait que les entreprises puissent bénéficier de mesures publiques pour les inciter à recruter plus de personnes handicapées.
f. Il faut faire confiance aux initiatives individuelles et privées pour organiser la solidarité autour des personnes âgées et/ou handicapées.
g. Les personnes âgées sont souvent fragiles et dépendantes des autres pour des raisons de santé et ont besoin, comme les personnes handicapées, d'être aidées concrètement dans les tâches de leur vie quotidienne.
h. Si les initiatives privées à l'égard des personnes âgées et/ou handicapées sont insuffisantes pour organiser et assurer la solidarité, l'État doit alors intervenir pour défendre l'intérêt de ces personnes.
i. Les moyens financiers sont, bien sûr, importants pour améliorer les conditions de vie des personnes âgées et/ou handicapées mais il faut aussi penser à développer, favoriser les services et les emplois de proximité en leur faveur.

activité 178 **Pour justifier votre argumentation, insérez les exemples de la liste dans votre développement (plan de l'activité 177).**

1. Ainsi, il serait bon que des contrats de travail spécifiques puissent être proposés aux jeunes qui cherchent à s'insérer sur le marché de l'emploi et qui choisissent de s'orienter vers les métiers de l'assistance sociale.
2. On pourrait imaginer, alors, que l'État prenne des initiatives et des mesures législatives pour garantir, à différents niveaux de la Nation, un effort financier collectif : cet effort pourrait prendre la forme d'une contribution ou taxe supplémentaire ou bien de l'instauration d'un Service intermittent de volontariat civil auprès de toutes les catégories de citoyens.
3. Ces personnes ont notamment besoin d'être assistées dans les tâches ménagères comme le ménage, la préparation des repas, le traitement du courrier administratif.
4. On constate en effet que de nombreuses associations ont pour vocation de s'engager au service quotidien de ces personnes et organisent d'elles-mêmes toutes sortes d'actions en leur faveur.
5. Les jeunes des collèges et des lycées pourraient de cette façon rendre des visites auprès de ces personnes et s'engager personnellement à maintenir un contact suivi auprès d'une de ces personnes pendant une durée déterminée : l'idée serait alors de créer des parrainages interpersonnels.
6. Il faudrait alors proposer de baisser les charges d'un employeur pour chaque recrutement d'une personne handicapée.
7. Une des priorités en la matière est notamment de prévoir systématiquement des ascenseurs adaptés, des pistes spéciales pour fauteuils roulants, de supprimer le maximum de marches d'escalier dans les espaces situés sur un même étage.
8. Du fait de la mobilité professionnelle d'une part, de la hausse des prix de l'immobilier d'autre part, qui obligent à habiter des surfaces de plus en plus petites et du fait également des comportements de plus en plus individualistes, les différentes générations d'une même famille vivent souvent dans des villes voire dans des régions différentes.
9. La solidarité est en effet une valeur qui relève de la conscience personnelle de chaque individu. Il pourrait sembler inacceptable de la rendre obligatoire par les institutions officielles, même au nom de la défense des grands principes sacrés de la République comme la Fraternité.

exemple n° ...	1.	2.	3.	4.	5.	6.	7.	8.	9.
argument...									

activité 179 **1.** Vous allez participer à un débat face à des opposants méfiants voire hostiles à la recherche scientifique et technologique. Durant ce débat, vous devrez convaincre un auditoire qui vous écoutera, vous et vos opposants. Préparez vos arguments en faveur de la recherche

0,50 € - DU 30 MAI AU 5 JUIN 2005 - N°33

economiematin

LE PREMIER HEBDO DE L'ÉCO - WWW.ECONOMIEMATIN.COM

LA RECHERCHE
un pari
sur l'avenir

• France : 34,6 milliards d'euros/an en R&D

• Entreprises : + 30 % d'investissements en 10 ans

Événement p. 2-3 et 5

> Les Français rachètent leurs points de retraite

La vérité sur le prix d'un café au bar

p. 6 et 10

NUMÉROS SURTAXÉS
Jusqu'à 25 % de la facture téléphone des entreprises

Actu éco p. 8

2. Afin de fonder vos arguments sur des exemples précis, citez des domaines où la recherche est nécessaire pour favoriser notamment le développement, le progrès économique, les conditions de vie quotidienne.

activité 180

1. Entraînez-vous à anticiper les objections, les contre-arguments que pourraient vous opposer vos adversaires dans ce débat : faites une liste d'idées pour défendre la position selon laquelle certaines avancées de la recherche peuvent représenter des risques ou des dangers.

2. Trouvez des exemples que vos opposants pourraient utiliser.

....

....

....

....

....

....

....

....

....

....

....

3. Développez, maintenant le point fort de votre argumentation.

« Il est fondamental d'accompagner la recherche scientifique et technologique d'une réflexion sur les valeurs humaines. »

....

....

....

....

....

....

....

....

....

....

....

....

....

activité 181 **1. Vous réagissez à la publicité de France Boissons : « Le café, des moments à part », développez vos arguments.**

a. Les cafés constituent traditionnellement des lieux qui ont une réelle fonction sociale, culturelle artistique fondée sur la rencontre, l'échange, le partage.

....

....

....

....

....

....

....

....

....

....

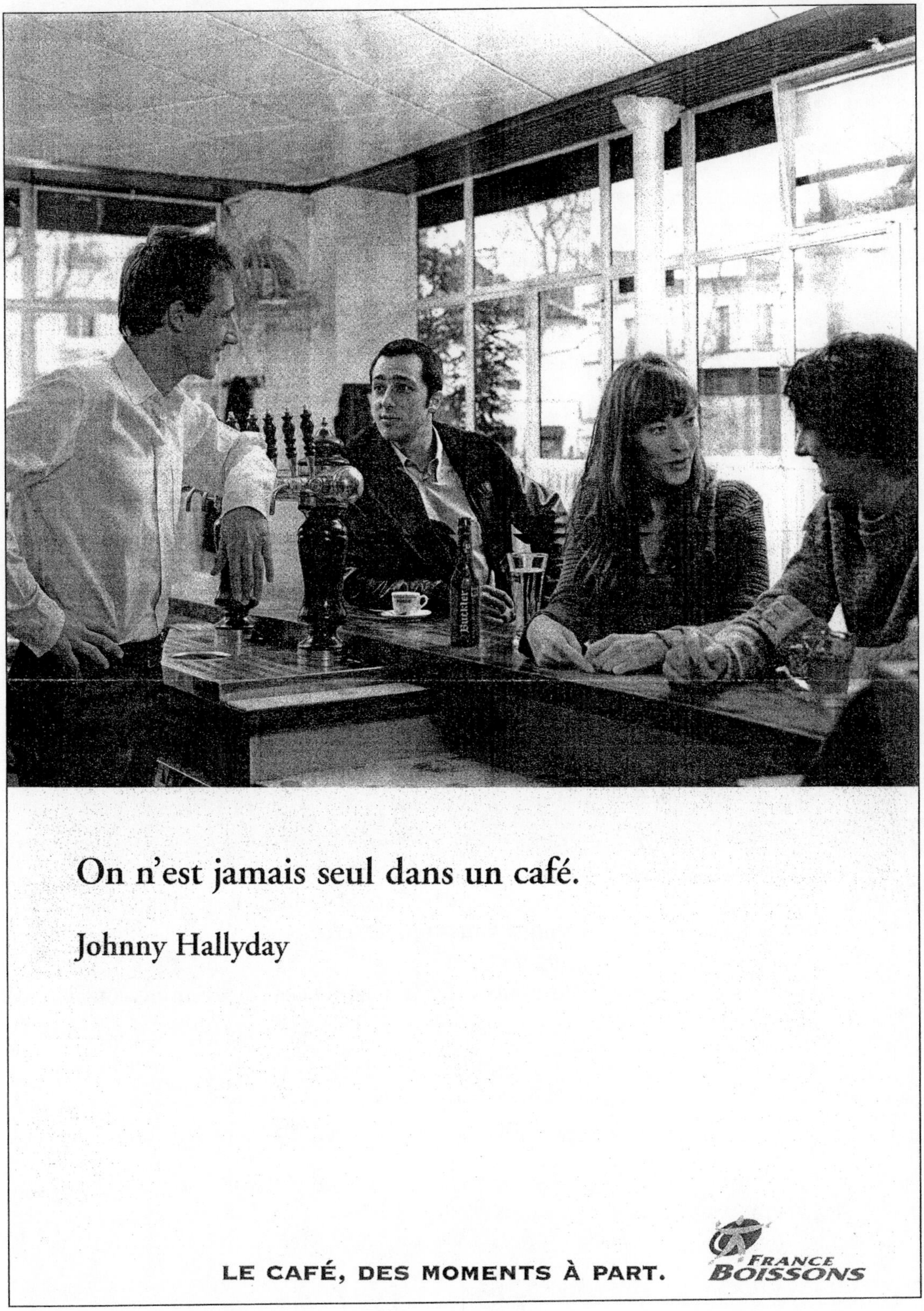

On n'est jamais seul dans un café.

Johnny Hallyday

LE CAFÉ, DES MOMENTS À PART.

b. De nos jours d'autres lieux matériels/physiques ou virtuels peuvent aussi jouer le même rôle de convivialité sur le mode de la rencontre, de l'échange et du partage.

....

....

....

....

c. Il faut cependant faire attention à ce que certains types de communication ne développent pas des modes de relations trop virtuelles.

2. En vous aidant des activités 167 et 185, notez les différents points qui constitueront l'introduction et la conclusion de votre présentation.

activité 182 **Entraînez-vous maintenant à faire des comparaisons avec la situation de votre pays d'origine ou d'autres pays que vous connaissez.**

1. Y a t il des lieux similaires aux cafés français et ces lieux remplissent-ils les mêmes fonctions ?

2. Quelles catégories de personnes les fréquentent et dans quels buts ?

activité 183 L'idée qu'à « partir d'un téléphone portable, on peut tourner un film en temps réel et l'envoyer en quelques secondes à des dizaines de personnes » vous passionne. Un forum de discussion Internet est organisé à ce sujet et vous y participez. Exprimez votre point de vue.

Vendredi 7 octobre 2005
Paris Métro/07

Des films plein les poches

Le Forum des images organise la première édition du festival Pocket films

LE FESTIVAL Pocket films est né d'une idée de Laurence Herszberg, directrice du Forum des images. En plus des innovations technologiques, il fallait du culot pour créer un événement entièrement conçu à partir de téléphones portables. Il aura fallu plus d'un an à l'équipe du Forum pour que le projet voie le jour.

En mai, grâce à un partenariat avec Nokia et SFR, le Forum met à disposition d'artistes des portables munis de caméra et leur demande de réaliser des films, en leur laissant le choix de la durée et du thème. Photographes, vidéastes, écrivains, étudiants en cinéma, tous vont immortaliser sur leur mobile, de jour comme de nuit, quelques instants de leur vie.

Des images uniques

Les images réalisées à partir d'un portable offrent une vision nouvelle et unique du sujet filmé. « L'objet de ce festival est de montrer qu'à partir d'un téléphone portable, il est possible de créer un projet artistique, de tourner un film en temps réel et de l'envoyer en quelques secondes à des dizaines de personnes », explique Benoît Labourdette, qui a dirigé le projet.

À vous de jouer

Avis aux amateurs : le Forum propose aux spectateurs de tourner eux aussi des films à partir d'un portable qui sera mis à leur disposition. Ils pourront ensuite les monter avec l'aide de professionnels, puis, s'ils le souhaitent, les envoyer via le Web.

Demain, le public pourra également participer à deux tables rondes sur les thèmes « La pratique de la vidéo mobile » (à 15h 15) et « Le téléphone peut-il devenir un outil de création ? » (à 16h 30). Dimanche, le débat portera sur « Les enjeux sociaux du téléphone mobile » (à 16 h 15). À noter également la soirée Pockey mix, premier cinémix d'images tournées à partir de téléphones, organisée demain à 20h 30 en présence de DJ Joakim et de 3 VJ.

Aurélie Sarrot

Festival Pocket film,
jusqu'à dimanche au
Forum des images,
Forum des Halles,
porte Saint-Eustache, 1er.
Entrée libre.
Informations : 01 44 76 62 00 ou
www.forumdesimages.net

....

....

....

....

....

....

....

....

....

....

activité 184 En vous aidant de l'article ci-joint, vous proposez plusieurs arguments en suivant l'organisation ci-dessous :
– souligner l'originalité du thème abordé, d'un point de vue culturel et artistique ;
– évoquer les risques d'une banalisation de la création de produits culturels et artistiques ;
– avancer des suggestions pour définir des critères de qualité pour la production de films vidéo à vocation artistique.

....
....
....
....
....
....

activité 185 Voici des conseils pour conclure la présentation d'un point de vue. Remettez-les dans l'ordre.

Pour conclure la présentation d'un point de vue vous pouvez, par exemple :
... : vous interroger, poser de nouvelles questions pour ouvrir le débat.
... : insister sur les aspects du sujet ou du problème que vous pensez avoir bien couverts.
... : faire un bilan de votre présentation en rappelant brièvement les grandes lignes de votre argumentation.
... : montrer comment le sujet abordé ou le problème soulevé au début peut être mis en relation avec d'autres sujets ou problèmes complémentaires.
... : évoquer les aspects du sujet qui n'ont pas pu être traités ou qui ont volontairement été écartés.

3- Débattre et dialoguer

DOCUMENTS SONORES N° 1

activité 186 Écoutez ces enregistrements tirés d'une situation d'examen et dites ce que fait chacun des examinateurs.

	l'examinateur...	enregistrement...
A	demande au/à la candidat (e) de préciser sa pensée.	
B	demande confirmation qu'il a bien compris la pensée du/de la candidat(e).	
C	cherche à compléter les informations données par le/la candidat auprès du/de la candidat(e).	

activité 187 Même activité que la précédente.

	l'examinateur cherche à	enregistrement...
A	tester la capacité du/de la candidat(e) à réagir et à défendre son point de vue.	
B	solliciter le/la candidat(e) pour entretenir et/ou élargir le débat.	

ctivité 188 **Même activité que la précédente. Dites maintenant ce que font ces candidats.**

	Le/la candidat(e)	enregistrement...
A	reformule la question posée pour s'assurer qu'il a bien compris ce qu'on lui demande.	
B	répond pour préciser sa pensée.	
C	apporte une confirmation et reformule une idée précédemment exprimée.	
D	apporte une rectification et reformule sa pensée.	

ctivité 189 **Même activité que la précédente.**

	Le/la candidat(e)	enregistrement...
A	répond afin de donner des informations objectives.	
B	tient compte des sollicitations de l'examinateur pour développer le débat.	
C	pose une question pour solliciter l'examinateur et entretenir l'échange.	

DOCUMENTS SONORES N° 2

ctivité 190 **Écoutez bien ces enregistrements extraits d'une situation d'examen et dites ce que fait l'examinateur à chaque prise de parole.**

Enregistrement 1

....

....

....

....

Enregistrement 2

....

....

....

....

Enregistrement 3

....

....

....

....

Enregistrement 4

....

....

....

....

Enregistrement 5

....

....

....

....

activité 191 **Écoutez et lisez les répliques transcrites du/de la candidat(e) et associez-les maintenant aux prises de parole de l'examinatrice de l'activité 190 de manière à reconstituer un échange cohérent.**

prises de paroles de l'examinateur	répliques du candidat...
enregistrement 1	
enregistrement 2	
enregistrement 3	
enregistrement 4	
enregistrement 5	

Réplique a
« Oui, absolument, chaque année une semaine est consacrée à sensibiliser différentes catégories de personnes à ce problème et diverses institutions publiques et privées participent à des actions et des projets. »

Réplique b
« Je pensais en fait à des journées parallèles consacrées à l'action et aux réalisations d'organisations non-gouvernementales dans ce domaine. »

Réplique c
« C'est à mon avis intéressant en effet d'évoquer ce thème car pour pouvoir parler de gastronomie comme un art et comme un plaisir et pouvoir en parler sans problème de conscience par rapport à la faim dans le monde, il est fondamental que le progrès économique puisse bénéficier à tous sans exception. »

Réplique d
« Non, ce n'est pas ce que j'ai voulu faire comprendre et d'ailleurs ce que vous avez compris ne correspond pas à ma position : en fait, je considère que ces journées éducatives de sensibilisation sont intéressantes parce qu'elles sensibilisent par exemple les gens à des habitudes alimentaires traditionnelles… En revanche il me semble nécessaire de ne pas oublier qu'il existe des priorités humanitaires plus importantes qui concernent la même préoccupation à savoir : manger. »

Réplique e
« Je pense au contraire partager un point de vue très réaliste car les entreprises sont de plus en plus confrontées à la nécessité de construire leur image autour de ces valeurs : pour elles, c'est même un enjeu économique avec le développement progressif du commerce équitable. »

activité 192 **Décrivez l'attitude adoptée par le/la candidat(e) dans l'activité 191.**

Réplique a

....

....

....

Réplique b

....

....

....

Réplique c

....

....

....

Réplique d

....

....

....

Réplique e

....

....

....

ctivité 193 **Vous vous êtes entraîné à présenter un point de vue argumenté à partir du document de l'activité 158.**
À la fin de votre présentation, l'examinateur dialogue avec vous et vous pose ces questions. Écoutez et lisez les transcriptions de ces questions et exercez-vous à y répondre.

1. « Êtes-vous de ceux et celles qui considèrent que les inégalités hommes femmes dans le monde professionnel sont une fatalité ? »
Réponse du/de la candidat(e)

....

....

....

....

....

....

....

2. « D'une manière plus générale, les diplômes sont-ils suffisants pour apprécier la valeur d'une personne en contexte professionnel ? »
Réponse du/de la candidat(e)

....

....

....

....

....

....

....

....

activité 194 **Vous vous êtes entraîné à présenter un point de vue argumenté à partir du document de l'activité 159. Écoutez les questions de l'examinateur et répondez-y.**

1. Réponse du/de la candidat(e)

....

....

....

....

....

....

2. Réponse du/de la candidat(e)

....

....

....

....

....

....

3. Réponse du/de la candidat(e)

....

....

....

....

....

....

activité 195 **Procédez de la même manière que précédemment : le document de référence est celui de l'activité 160.**
Écoutez les questions et les sollicitations de l'examinateur et répondez-y.

1. Réponse du/de la canditat(e)

....

....

....

....

....

....

2. Réponse du/de la canditat(e)

....

....

....

....

....

....

3. Réponse du/de la canditat(e)

....

....

....

....

....

....

tivité 196 **Procédez de la même manière que précédemment : le document de référence est celui de l'activité 163.**

1. Réponse du/de la candidat(e)

....

....

....

....

....

....

2. Réponse du/de la candidat(e)

....

....

....

....

....

....

activité 197 Observez ce document et préparez-vous à réagir aux questions de l'examinateur.

Le journal du refus de la misère

Journal gratuit édité par ATD Quart Monde. 17/10/2005. Ne peut être vendu.

« Le refus de la misère, c'est l'affaire de **tous** »

Paris, jardins du Trocadéro, 1er juillet 2005. Rassemblement organisé par le collectif « 2005 : plus d'excuses ! », composé d'une centaine d'organisations.

1. Votre réponse

....

....

2. Votre réponse

....

....

3. Votre réponse

....

....

tivité 198 Prenez connaissance de ce document et préparez-vous à réagir aux questions de l'examinateur.

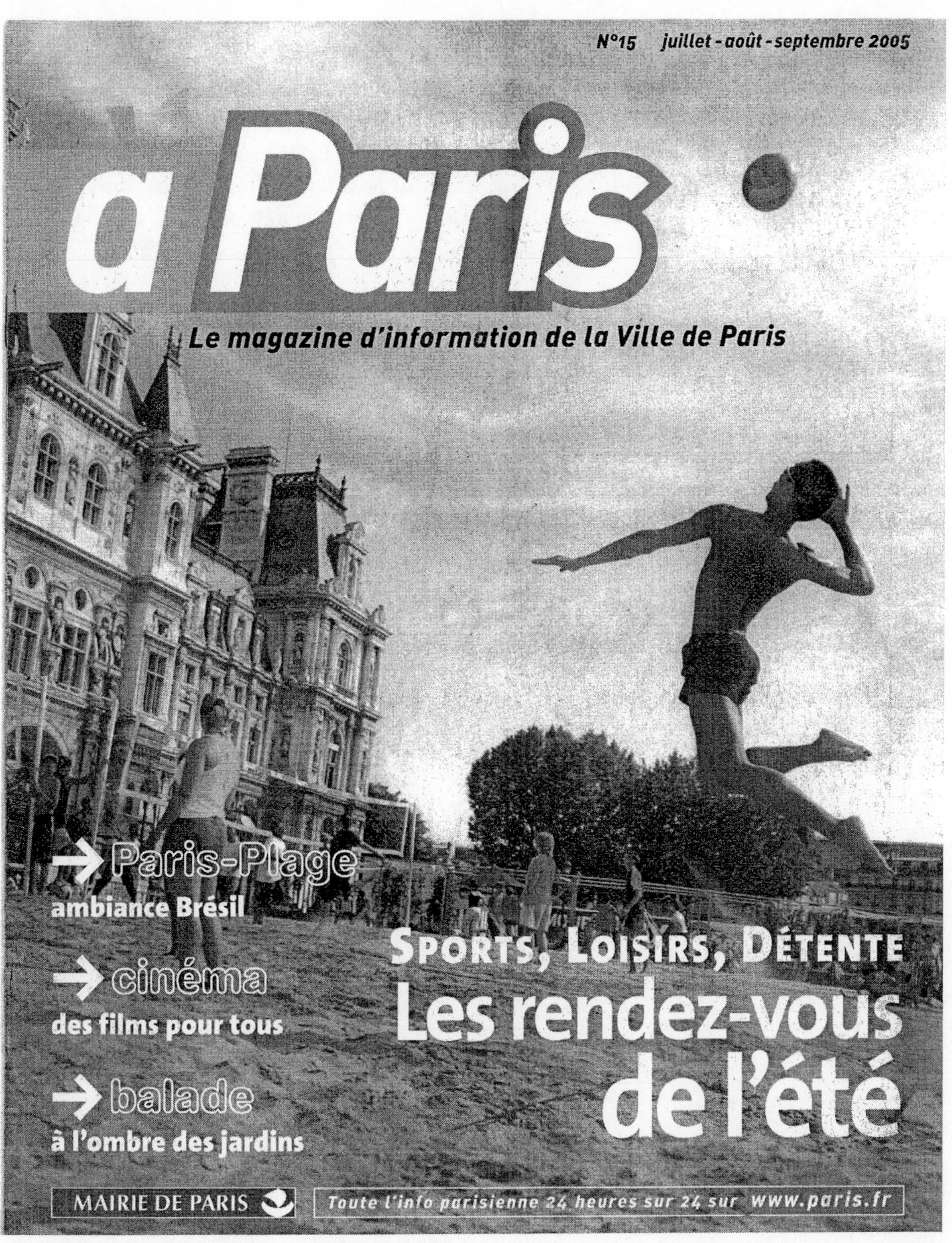

1. Votre réponse

....

2. Votre réponse

....

3. Votre réponse

....

ÉPREUVES TYPES

➤ Activité 199

Vous dégagerez tout d'abord le problème soulevé par le document de l'activité 48. Vous présenterez ensuite votre opinion sur le sujet de manière argumentée puis, dans le cadre d'un débat avec l'examinateur, vous la défendrez si nécessaire. Vous disposez de 30 minutes de préparation. L'épreuve face à l'examinateur durera 20 minutes.

« Voix qui lisent et vocalises »

Donnez-leur un peu de votre temps, un peu de votre voix
Partagez avec eux une expérience humaine inoubliable
Rendez-les heureux...
...tout simplement...

en lisant...
en chantant...

« Voix qui lisent et vocalises »
est une association de bénévoles de tous âges qui collaborent avec les services pédiatriques des hôpitaux afin de proposer aux enfants malades :

- des visites pendant leur séjour hospitalier
- des lectures à voix haute de livres,
- des narrations de contes et d'histoires enfantines,
- de courts spectacles chantés,
- des ateliers ludiques de chant

pour vous engager auprès des enfants,
pour donnez un sens nouveau à votre temps libre,
pour le bonheur d'offrir du bonheur aux autres,
simplement en allant à la rencontre de ces enfants...

CONTACTEZ-NOUS, REJOIGNEZ-NOUS !
« VOIX QUI LISENT et VOCALISES »

77 Rue de l'Espérance
Tél. : 01 47 77 77 77
www. voix_qui_lisent_ et_ vocalises@ vlv. org

“Voix qui lisent et vocalises”

Une expérience humaine inoubliable

Témoignages de bénévoles

« lire des contes pour enfants à ces enfants pour qui la vie a un peu oublié de s'écrire comme un conte de fées, c'est vraiment une expérience qui m'a transformé et m'a appris à changer mon regard sur les petits problèmes de la vie quotidienne... j'ai appris à relativiser beaucoup de choses... j'ai surtout éprouvé le plaisir, le bonheur de donner un peu de bonheur, tout simplement en partageant des moments simples, avec des mots, des sourires, des rires... ».

Jean-Marc, 43 ans.

« Vous ne pouvez pas imaginer ce que ça fait dans votre tête et dans votre cœur, quand vous vous retrouvez devant des enfants à l'hôpital qui ne demandent qu'une chose : qu'on les fasse un peu voyager au pays des rêves, quand le quotidien est un peu morose...
Non seulement on se sent vraiment utile parce qu'on échange, et qu'on partage des moments forts avec des gens qui en ont besoin... Mais surtout on apprend à aller au-delà de soi-même, à se découvrir soi-même, on s'enrichit du contact de l'autre parce que l'autre, même malade, sans le savoir, sans le vouloir, nous en apprend un peu plus sur qui on est... »

Anastassia, 28 ans.

« Participer à ce type d'association permet de créer un peu plus de lien social, humain, fraternel, dans une société où l'individualisme est roi, où c'est toujours un peu plus chacun pour soi : pour moi, mon engagement associatif à " VOIX QUI LISENT et VOCALISES ", c'est un devoir, c'est une forme d'obligation citoyenne envers la société, c'est surtout beaucoup de joie à être un peu généreux de son temps pour les enfants, pour leurs familles, pour les autres, pour la société ».

Jean Paul, 65 ans.

➤ Activité 200

Dégagez le problème soulevé par le document ci-dessous. Vous présenterez ensuite votre opinion sur le sujet de manière argumentée puis, dans le cadre d'un débat avec l'examinateur, vous la défendrez si nécessaire.
Vous disposez de 30 minutes de préparation. L'épreuve face à l'examinateur durera 20 minutes.

France Mercredi 15 septembre 2005

Société Une enquête présentée aujourd'hui révèle l'importance du port de vêtements siglés pour les collégiens

Les ados marqués des pieds à la tête

« Si je mets des chaussures de marque, c'est pour qu'on me laisse tranquille. Pour être considéré. »
S'ils l'avouent difficilement, les adolescents sont soumis ; dans le microcosme de la cour de récréation, à un véritable diktat des marques. C'est ce qui ressort d'une enquête nationale réalisée en 2003-2004 par l'association Union des familles en Europe auprès de 539 collégiens et 472 parents issus de catégories socioprofessionnelles diverses. « J'ai été très frappée, souligne la présidente de l'association, Béatrice Stella, par le degré de souffrance de ces enfants qui sont exclus par leurs pairs alors qu'ils ne portent pas de vêtements siglés. »
Le phénomène connaît un pic en sixième et cinquième, où 68 % des élèves déclarent connaître un camarade rejeté à cause de sa tenue vestimentaire. « C'est à cet âge-là, précise Béatrice Stella, que les pressions sur les parents sont les plus fortes et que les conflits surgissent. » Si un quart d'entre eux refuse systématiquement d'acheter des marques à leurs enfants pour des raisons financières, 55 % des parents optent pour le compromis. « S'il a besoin d'une paire de chaussures, je lui donne une somme et il complète s'il tient à une certaine marque », explique un parent. Et les ados n'hésitent pas à mettre la main au porte-monnaie pour être branché. Les 11-14 ans dépensent ainsi près du quart de leur argent de poche en fringues, soit 7 euros pas mois. C'est sans compter les étrennes de Noël et les billets discrètement glissés dans la main par les papis et les mamies.

Cécile Chaptal

Les chiffres

89 % des collégiens disent choisir un vêtement en fonction du style, de la coupe et de la couleur.

11 % disent le choisir en fonction de la marque.

96 % de garçons et 76 % des filles donnent la priorité à des chaussures de marque.

255 à 578 euros
C'est le coût de la panoplie du collégien « dans le coup ». Les garçons dépensent davantage.

591 à 661 euros
C'est le budget vestimentaire annuel moyen du collégien.

AUTO-ÉVALUATION

Vous avez fait les activités de production orale du DELF B2.
Maintenant, dites si vous êtes capables de :

1. Préparer la présentation d'un point de vue
2. Présenter un point de vue construit et argumenter
3. Débattre et dialoguer

Si vous répondez « pas très bien » ou « pas bien du tout », refaites les activités concernées.
Vos réponses :

	Très bien	Assez bien	Pas très bien	Pas bien du tout
1. Pour préparer la présentation d'un point de vue, je peux :				
comprendre et décrire n'importe quel document	❑	❑	❑	❑
souligner, mettre en évidence des points importants, des aspects significatifs, des détails pertinents	❑	❑	❑	❑
dégager un thème de réflexion pour en débattre	❑	❑	❑	❑
me poser des questions pour préparer une argumentation structurée	❑	❑	❑	❑
2. Pour présenter un point de vue construit et argumenter, je peux :				
introduire le débat, la réflexion	❑	❑	❑	❑
organiser clairement mon point de vue sur un problème	❑	❑	❑	❑
développer des arguments autour d'une question ou d'un axe de réflexion	❑	❑	❑	❑
donner des exemples appropriés pour illustrer mes arguments	❑	❑	❑	❑
nuancer, anticiper des objections possibles à mon point de vue	❑	❑	❑	❑
proposer une/des perspective (s) pour conclure et ouvrir le débat	❑	❑	❑	❑
conclure le débat, la réflexion	❑	❑	❑	❑
3. Pour débattre et dialoguer, je peux :				
répondre à des questions concernant mon exposé	❑	❑	❑	❑
reformuler des questions ou des remarques apportées par l'examinateur pour mieux les intégrer et y répondre	❑	❑	❑	❑
apporter des précisions	❑	❑	❑	❑
apporter une rectification, compléter ce que j'ai dit	❑	❑	❑	❑
défendre mon opinion	❑	❑	❑	❑
relancer le débat ou élargir les perspectives de la discussion	❑	❑	❑	❑

N° d'éditeur : 10148584 - Dépôt légal : Décembre 2007
Imprimé en France par Hérissey - Évreux (Eure) - N° 106910

LE NOUVEL ENTRAÎNEZ-VOUS

DELF B2

200 activités

Anatole BLOOMFIELD

Emmanuelle DAILL

Alliance française

Transcriptions et corrigés

CLE

INTERNATIONAL

www.cle-inter.com

TRANSCRIPTIONS

I – Compréhension orale

1. Comprendre des annonces, des instructions orales et des documentaires radiodiffusés

Document sonore n° 1 page 8 (activités 1 à 4)

Auditeurs et Auditrices de « Point du Jour » bonjour avec Nathalie Jaquemin et Philippe Odiart

Nathalie : Environ sept cents millions de touristes dans le monde l'année dernière, un milliard cinq cents millions prévus dans dix ou quinze ans, ces chiffres, ce sont les estimations effectuées par l'OMT, l'Organisation mondiale du tourisme. Le tourisme, c'est donc un secteur économique porteur, qui rapporte, qui compte dans l'économie de certains pays et surtout qui semble promis à une croissance garantie, n'est-ce pas Philippe ?

Philippe : Oui, tout à fait. En France, par exemple, le tourisme, c'est un secteur qui fait travailler directement ou indirectement près de deux millions personnes, mais c'est surtout un secteur qui peut créer jusqu'à douze mille emplois directs ou indirects par an, chose à ne pas négliger quand on connaît la situation actuelle du marché de l'emploi en France, avec ses dix pour cent de la population active sans emploi. Et surtout ne l'oublions pas, la France, première destination touristique du monde, ça peut être entre soixante-quinze et quatre-vingts millions de touristes par an selon les années

Nathalie : Il paraît en effet... que l'année dernière nous avons eu près de soixante-dix-sept millions de visiteurs, donc tout va très bien pour le tourisme en France...

Philippe : Attention Nathalie ! et c'est là qu'il ne faudrait pas s'endormir sur ses lauriers, parce que justement le tourisme en France est confronté à certains problèmes et parce que justement le tourisme français est appelé à relever quelques défis importants.

Nathalie : Lesquels... ?

Philippe : Le premier de ces défis étant bien de reconsidérer l'attractivité touristique de la France... vous venez de le dire... près de soixante-dix-sept millions de visiteurs... ça fait beaucoup... mais combien d'entre eux ne font que passer par la France, du nord au sud, sans y rester ou en y restant trop peu de temps sans vraiment dépenser leur argent et en faire bénéficier véritablement l'économie locale et pour aller en fait en Espagne, au Portugal ou en Italie ? Ça, c'est un premier défi pour le tourisme français, à savoir, comment faire pour allonger la durée du séjour de tous ces visiteurs qui ne font que transiter par la France vers d'autres destinations... et bien sûr les faire dépenser plus... ! Faut-il le rappeler... ? La France n'est qu'en troisième position pour les dépenses de ses touristes, derrière les États-Unis et derrière l'Espagne.

Nathalie : Alors Philippe, comment faire... pour les faire rester plus longtemps chez nous, tous ces visiteurs ?

Philippe : À la Maison de la France, où nous sommes allés enquêter, Maison de la France qui je le rappelle est le groupe d'intérêt économique chargé de promouvoir le tourisme en France à travers le monde, eh bien on nous a dit : il faut premièrement apprendre à mieux communiquer, mieux faire connaître le potentiel touristique de la France, c'est-à-dire transformer nos manières de voir, considérer le patrimoine touristique de la France comme un véritable produit économique dont il faut faire la publicité et qu'il faut savoir présenter professionnellement à nos amis de l'étranger, bref, Nathalie, adopter une approche marketing et surtout considérer le tourisme comme une affaire économiquement sérieuse.

Nathalie : Et pourquoi, ce n'est pas le cas actuellement ?

Philippe : eh bien, en effet il faut rappeler que pendant très longtemps on a eu un peu tendance en France à dévaloriser les métiers du tourisme qui n'étaient pas perçus comme prestigieux... très longtemps on s'est contenté de voir venir chez nous les touristes sans trop essayer de comprendre pourquoi ils venaient chez nous, sans trop essayer de comprendre pourquoi ils ne restaient pas plus longtemps sur place et surtout, sans faire d'efforts pour rendre plus professionnelle notre manière de les accueillir.

Nathalie : Alors, Philippe, le court séjour touristique : un marché plein d'avenir pour la France ?

Philippe : Absolument Nathalie, à condition de se donner les moyens de rendre plus attractif notre potentiel touristique, de diversifier l'offre des produits touristiques et bien sûr, de rendre plus accueillante notre manière de recevoir nos visiteurs. Et ça..., ça passe aussi par nos comportements, le mien, le vôtre, ceux de tout le monde et pas seulement celui des professionnels du tourisme et pas seulement non plus par la qualité des hôtels et d'autres structures d'accueil.

Nathalie : Merci Philippe Odiart et à demain même heure sur « C Très Bien-FM ».

Philippe : À demain Nathalie.

I – COMPRÉHENSION ORALE

Document sonore n° 2 page 10 (activités 5 à 9)

Auditrices et auditeurs de Radio Francophone Internationale bonjour, comme nous vous le disions en titre de ce journal : d'après les premières analyses, il semblerait que la Commission d'évaluation du comité international olympique ait adressé, en ce lundi 6 juin 2005, ses meilleures appréciations à la candidature de la ville de Paris.

C'est en effet cet après-midi à 14 heures que la Commission d'évaluation du CIO, comité international olympique, a rendu publiques les conclusions finales de son rapport sur les candidatures des cinq villes en compétition pour accueillir et organiser les jeux Olympiques d'été de 2012 : Londres, Madrid, New York, Moscou et Paris. Si la compétition reste très ouverte entre les cinq villes candidates, puisque aucune ville ne peut s'estimer vainqueur à l'avance, nul doute que la candidature parisienne, jugée de « très grande qualité », aura su impressionner favorablement les membres de la Commission d'évaluation et marquer certains points à son avantage.

Mais d'ici le 6 juillet 2005, date où sera rendue à Singapour la décision finale d'attribution des Jeux 2012, la course continue pour la dernière ligne droite. À Londres, le président de la candidature a estimé que « les appréciations de la commission d'évaluation étaient un superbe tremplin pour aborder les 30 derniers jours de leur campagne ». À Madrid, le maire était très confiant après la publication du rapport et déclarait : « Nous sommes totalement persuadés que nous sommes en tête dans la course aux Jeux ; notre candidature est jugée humaine, réalisable et tient compte des questions d'environnement. » À New York, le maire adjoint de New York et fondateur du « New York City 2012 » a déclaré que New York fait partie du peloton de tête et qu'ils ont une grande chance de l'emporter à Singapour si le projet de construction de Grand Stade est accepté. À Moscou, le responsable du dossier russe a qualifié le rapport « d'ouvert, objectif et positif ».

À Paris, le maire s'est contenté de dire que la commission avait fait un excellent travail et que rien n'était joué : « Je ne me permettrai pas, a-t-il dit au nom de toute l'équipe Paris 2012, de commenter ce rapport autrement que par un immense respect pour le travail qui a été accompli par la commission d'évaluation » ; « Aujourd'hui, a continué le maire de Paris, nous prenons acte avec une certaine fierté de ce rapport, nous le prenons comme un encouragement. » De fait, selon le rapport, le concept de « Village olympique » au cœur de la ville, l'égalité des athlètes olympiques et paralympiques, la réflexion sur les conséquences des Jeux en terme de développement durable, la qualité des transports et le respect de l'environnement, auront été les points forts de cette candidature parisienne. Autre point d'appréciation non négligeable et encourageant : le budget prévu, d'un montant de 2, 65 milliards de dollars, a été considéré comme « bien documenté et réalisable »

Document sonore n° 3 page 11 (activités 10 à 13)

Notre revue de presse s'achève et nous retrouvons maintenant Marlyse Doucet pour sa chronique du Jour « j'vous dis c'que j'pense... »

Thomas : Bonjour Marlyse.

Marlyse : Bonjour Thomas.

Thomas : Alors Marlyse, toujours fascinée par l'histoire de ce pianiste que la police britannique n'est toujours pas parvenue à identifier ?

Marlyse : Eh oui... ! Vous souvenez-vous chers auditrices et auditeurs de radio C Très Bien – FM, de ce fait divers complètement bizarre du pianiste non identifié, muet, amnésique retrouvé une nuit par la police sur une plage en Angleterre, habillé en tenue de concert... Impossible de communiquer avec lui autrement qu'en le faisant jouer au piano pendant des heures... Ne trouvez-vous pas finalement que cette très sérieuse affaire policière ne constitue pas en fait l'histoire la plus mystérieuse et la plus poétique de l'année : regardez, tous les éléments y sont..., d'abord le personnage : un homme..., plutôt bel homme, la trentaine passée, athlétique mais sans excès, au visage et à la coiffure de guerrier mais avec une expression de douceur d'enfant, habillé en tenue de concert... Ensuite le décor..., une plage déserte, la pluie, vous savez, cette fine pluie douce d'Angleterre, qui s'installe de manière permanente dans le paysage... Et puis l'ambiance : la nuit, le silence, rythmé par le bruit des vagues... Et pour finir, à nouveau cet homme, énigmatique, sans mémoire, sans passé, sans parole, sans identité...

Vous lui parlez ? Il fait penser à un sauvage un peu brut mais il vous répond avec le silence de ses mains dont il actionne délicatement les doigts avec la précision d'un spécialiste... Vous lui donnez un piano ? la magie prend place : c'est vous maintenant qui gardez le silence, comme un bloc de pierre brute, et ce sont ses mains de pianiste virtuose qui se mettent à parler pendant des heures, à courir sur le clavier et vous offrent, dans une pluie de notes incessantes, tout le répertoire des grands romantiques... fasciné(e), vous écoutez l'artiste virtuose qui joue inlas-

sablement et qui sculpte le clavier, et vous vous surprenez à imaginer les mains du sculpteur Rodin sur le bloc de pierre brute...
Certains ont dit que tout cela n'était qu'une simple affaire imaginée et organisée par un simulateur, le prince des simulateurs... Un musicien clandestin, sans famille, sans papiers, originaire de l'Europe de l'Est et désirant émigrer à l'Ouest... Ou tout simplement un personnage intéressé, cherchant à devenir célèbre et à revendre son histoire pour le cinéma? Et si c'était ça en fait la vérité? Ne croyez-vous pas alors qu'on pourrait lui pardonner parce qu'il aurait inventé une merveilleuse histoire poétique qui a fait le tour du monde et nous a tous et toutes fait rêver quelques instants?
Franchement, qu'en dites-vous chers auditrices et auditeurs...? C'est pas du rêve tout ça?
« Romances sans paroles » aurait pu dire Verlaine « Rêveries du promeneur solitaire » aurait répondu Jean-Jacques... « Enfin, j'vous dis c'que j'pense... », Moi, Marlyse...
Thomas: Merci Marlyse et à demain.
Marlyse: À demain Thomas...

2. Comprendre des conférences, des exposés, des discours (éducationnels, professionnels)

Document sonore n° 4 page 13 (activité 14)
Extrait n° 1: La révolution que les découvertes biologiques de Louis Pasteur ont entraînée a paradoxalement provoqué, dans l'inconscient collectif, une véritable peur, une phobie des bactéries, qui du coup sont devenues les responsables de tous nos maux et presque toutes nos maladies. S'il est vrai que d'un point de vue strictement sanitaire et médical, certaines de ces bactéries ont été à l'origine des plus grandes maladies mortelles, faut-il cependant craindre que...
Extrait n° 2: La francophonie tire son origine du partage d'une langue commune: le français. Les premières traces de cette langue remontent à l'an 842 avec les Serments de Strasbourg, rédigés en deux langues: le roman et le germanique. Il s'agit là en effet du tout premier document écrit en langue française, en roman plus précisément. Né au VIe siècle, le roman est une nouvelle langue issue de la fusion du bas latin et du celte germanique...
Extrait n° 3: L'esprit marketing ou mercatique en français académique doit absolument se développer dans tous les services d'une société. Un département ou direction du marketing a donc pour fonction de coordonner les actions des différents services et de mettre en action cette démarche. En effet, pour réussir sur le marché, une société doit faire en sorte que tous ses services partagent la même préoccupation de bien servir le client...
Extrait n° 4: Reprenant tous les titres de son dernier album, le trio tsigane Troïka se donne en spectacle concert à l'espace de la Villette et propose ses plus belles mélodies. Avec un son nouveau, mêlant à la fois les traditionnels accents russes, hongrois et roumains aux rythmes envoûtants du Brésil, le groupe vous entraînera dans la magie alchimique d'une musique riche de toutes ses origines diverses et chaleureuses...
Extrait n° 5: C'est une des dernières tendances en matière de temps libre: les Français s'adonnent de plus en plus aux passe-temps créatifs et artistiques, qu'il s'agisse de bricolage, de peinture, de sculpture ou autres activités mettant à contribution tout le plaisir et la satisfaction de faire un petit quelque chose de ses mains... Conséquences: on constate une explosion d'associations en tous genres, plus ou moins sérieuses qui vous proposent les cours les plus adaptés à ce que vous souhaitez faire et à votre niveau.

Document sonore n° 5 page 13 (activités 15 à 19)
En France, c'est bien connu, une maison s'imagine vraiment que si elle est construite en dur, c'est-à-dire en béton ou en pierre: c'est une question de culture et de tradition architecturale, c'est aussi une question de mentalité et de représentation. C'est pourquoi parler de construire ou de se faire une maison en bois, quand on est professionnel du bâtiment ou client particulier, cela ne fait jamais très sérieux et tout juste a-t-on le droit à un sourire poli et attendri, du genre: « Oh cette brave personne qui encore à son âge pense avec nostalgie aux cabanes de son enfance...! » De fait, dans le domaine de la construction des maisons en bois, l'exception culturelle française est bien réelle puisque selon une étude du Comité national pour le développement du bois, à peine 5 % seulement des maisons individuelles construites en France en 2005 ont été des maisons en bois. Comparativement, ce pourcentage est de 30 % en Allemagne, 60 % dans les pays d'Europe scandinave et plus de 90 % aux États-Unis et au Canada... On le voit, même si on observe une augmentation d'environ 10 % par an en moyenne du nombre de maisons en bois en France, et même si un sondage a pu montrer que 18 % des ménages français interrogés accepteraient volontiers de vivre dans une rési-

dence principale en bois, cette progression reste discrète et concerne surtout une clientèle haut de gamme ou des clients parfaitement renseignés et motivés et surtout pleinement convaincus de leur choix.

Car le problème en France des maisons en bois demeure les fausses idées tenaces et une méconnaissance culturelle de la construction bois. Ces fausses idées, les voici : « Les maisons en bois sont fragiles et ne durent pas dans le temps », « une maison en bois risque de brûler et est dangereuse en cas d'incendie », « une maison en bois coûte plus chère »...

Il est par conséquent essentiel de rappeler ici les qualités et les caractéristiques naturelles du bois, car le bois fait l'objet de représentations erronées qu'il faut vraiment corriger...

Tout d'abord, le bois résiste naturellement au feu et beaucoup mieux que tous les autres matériaux utilisés dans les constructions dites en dur : le bois est en effet un excellent isolant thermique, en cas d'incendie, le bois transmet 10 fois moins vite la chaleur que le béton armé et 250 fois moins vite que l'acier ; conséquence une structure bois garde sa souplesse et ne connaît pas les mêmes problèmes majeurs de dilatation que connaissent les structures en béton armé ou métallique. Résultat : les risques d'effondrement brutal et immédiat comme avec les structures béton et métallique sont inexistants car une structure bois conservera toujours plus longtemps sa capacité de porter le bâtiment et n'éclatera pas sous l'effet de la dilatation par la chaleur. Tous les sapeurs-pompiers du monde le savent bien ainsi que les experts des assurances : le bois en cas d'incendie est un matériau sécuritaire. Par ailleurs, il faut le dire ici, le bois est un combustible lent, qui par une réaction chimique connue, se couvre d'une fine couche dure de carbone qui freine le feu et la combustion jusqu'à l'arrêter : c'est la raison pour laquelle nombre de portes pare-feu sont en bois. Enfin, contrairement à ce qu'on croit, la combustion du bois ne dégage aucune fumée toxique.

Le seul point faible du bois, c'est qu'il peut être attaqué par des insectes : mais là aussi, ce risque devient nul si l'on prend soin d'effectuer un traitement initial approprié. Tous les traitements du bois existants sur le marché ont déjà fait la preuve de leur efficacité depuis des années, à condition d'être effectués par des professionnels, sans compter que certaines variétés de bois sont totalement et naturellement inattaquables par les insectes.

Mais choisir de construire en bois ne revient pas simplement à faire le choix d'un matériau plutôt qu'un autre. Construire en bois, c'est aussi opter pour un mode de vie, et un mode de consommation respectueux de la nature, c'est faire un acte citoyen, marquer un engagement en faveur du développement durable. En effet, parce qu'elle utilise un matériau écologique naturellement et rapidement renouvelable, la construction en bois contribue au développement de la forêt, favorise la qualité de l'environnement et permet de lutter contre le réchauffement global de la planète. Nous reviendrons sur ces différents points dans quelques instants.

Document sonore n° 6 page 15 (activités 20 à 24)

... et maintenant notre page Culture avec Jean-François Vuillaume

C'est une première à l'Académie française : l'écrivain, d'origine algérienne, Fatima-Zohra Imalayène, plus connue sous son nom d'auteur d'Assia Djebar, a été élue, hier jeudi 16 juin 2005, à l'Académie française au Fauteuil 5 de M. Georges Vedel, décédé le 21 février 2002. C'est la première fois qu'une personnalité d'origine maghrébine fait son entrée parmi les 40 « immortels », surnom donné aux membres de l'Académie, depuis sa création en 1635. C'est aussi la cinquième femme, sur les 708 personnalités de toute l'histoire de l'Académie, qui siégera sous la coupole après Marguerite Yourcenar en 1980, Jacqueline de Romilly en 1988, Hélène Carrère d'Encausse en 1990 et Florence Delay en 2000.

L'élection de madame Assia Djebar est d'abord interprétée comme un hommage à la francophonie : Assia Djebar, dont l'œuvre littéraire est traduite dans une vingtaine de langues et comporte une dizaine de titres, fait partie de ces auteurs qui ont choisi la langue de Molière comme langue d'expression littéraire. L'Académie semble avoir aussi distingué à travers Assia Djebar son action pour la lutte en faveur des femmes de son pays. Assia Djebar a publié, en 1957, son premier roman *La Soif*. Mais c'est surtout son recueil de nouvelles, *Femmes d'Alger dans leur appartement*, en 1980, qui a contribué à la faire connaître. Certains critiques l'ont même qualifiée de « Françoise Sagan musulmane ».

Personnalité emblématique de l'émancipation des femmes et qui a souvent souligné le rôle des femmes algériennes dans la guerre d'indépendance d'Algérie, Assia Djebar est considérée comme un classique de la littérature algérienne d'expression française. C'est également une cinéaste de talent : elle a notamment réalisé plusieurs longs métrages comme *La Nouba des femmes du mont Chenoua*, qui a obtenu le prix de la critique internationale à la biennale de Venise en 1979

Née à Cherchell, à l'ouest d'Alger, en 1936, Assia Djebar a eu comme tout premier professeur de français, son père, instituteur d'origine modeste grâce à qui elle a pu entrer à l'école publique. À 11 ans, en 1946, elle s'est retrouvée la seule élève musulmane du lycée français de Blida et, en 1955, elle est devenue la première femme algérienne à être admise à l'École normale supérieure de Paris. Docteur es lettres de l'université de Montpellier, elle a enseigné à l'université de Rabat, à celle d'Alger et elle travaille pour la radio et la presse algériennes. En 1997, elle a été nommée à la Louisiana State University au poste de Distinguished Professor et de directrice du Centre d'études françaises et francophones de Louisiane, le centre de recherches francophones le plus important des universités américaines. Elle s'est également fait connaître dans d'autres universités prestigieuses telles que Yale, New York University et Harward.

Assia Djebar s'est dit « contente » d'intégrer la prestigieuse institution « pour la reconnaissance, dit-elle, que cela implique pour la littérature francophone de tous les autres pays, y compris évidemment du Maghreb, mais aussi de tous les pays africains ». La nouvelle académicienne a également exprimé son espoir que cette élection facilitera « en Algérie, au Maroc et en Tunisie, la traduction en arabe de tous les auteurs francophones ».

Document sonore n° 7 page 16 (activités 25 à 29)

Patrick : Et nous retrouvons maintenant Élise Mercié pour sa rubrique mensuelle « Des entreprises sur la Toile », avec aujourd'hui une entreprise pas comme les autres, si je ne me trompe pas, Élise…

Élise : Oui, tout à fait Patrick… ce mois-ci « Des entreprises sur la Toile » a choisi de s'intéresser à une entreprise française d'un genre différent puisqu'il s'agit en fait d'une ONG au statut d'association loi 1901 à but non lucratif et dont le site internet a particulièrement retenu notre attention.

Élise : Chers auditrices et auditeurs de Radio Infos France bonjour et bienvenue à notre rendez-vous mensuel « Des entreprises sur la Toile », ce mois-ci, notre navigation sur la Toile nous a conduits à découvrir le site www.nomadrsi.org, n-o-m-a-d-r-s-I-.org le site de NomadRSI, RSI pour Recherche et Soutien International, une organisation non gouvernementale, à caractère non commercial, et qui a pour vocation, pour mission pourrait-on dire, de sauvegarder, soutenir à travers le monde les médecines naturelles traditionnelles et ancestrales ainsi que de travailler à la préservation de l'environnement et de la biodiversité sur lesquels toutes ces médecines traditionnelles se fondent… médecines traditionnelles souvent millénaires et qui risquent de disparaître face au développement global de la médecine moderne de type occidental… En fait, on peut dire que cette ONG, spécialisée dans la recherche et le développement, travaille pour le respect et la cohabitation des différentes cultures médicales dans le monde… Une de ses spécificités majeures : elle défend une approche pluridisciplinaire des problèmes et intègre ainsi dans ses recherches l'anthropologie, l'ethnologie, la pharmacologie, la biochimie, les sciences environnementales.

NomadRSI a donc été créée en 1997 par un jeune pharmacien français, Laurent Pordié, à son retour du Cambodge, où il était parti avec l'organisation humanitaire Médecins sans frontières. Laurent Pordié consacre sa vie à des recherches universitaires en anthropologie et en ethnopharmacologie. Il enseigne en tant qu'universitaire dans le Sud de la France, sa région d'origine, et vit dans l'État indien du Tamil Nadu qu'il a choisi comme lieu de résidence.

Ses premiers projets, c'est dans la région du Ladakh, au Nord-Ouest de l'Inde, qu'il les organise avec NomadRSI, région où la médecine tibétaine ancestrale est menacée de disparition par les transformations politiques et sociales. En effet, d'une part, la médecine moderne de type occidental, encouragée par les autorités locales se développe trop lentement… d'autre part, la médecine traditionnelle disparaît, quant à elle, progressivement, à cause de bouleversements économiques et sociaux. Conséquence : les habitants du Ladakh risquent de ne plus pouvoir se soigner… Pour NomadRSI, il est donc fondamental de préserver les pratiques médicinales traditionnelles pour conserver un patrimoine culturel de l'humanité mais aussi, il est vital de les maintenir pour la santé de ces sociétés locales : des recherches ont d'ailleurs mis en évidence que cette médecine traditionnelle millénaire, en harmonie avec l'environnement naturel local, parce qu'elle utilise notamment les ressources minérales et végétales locales, est très souvent mieux adaptée pour traiter les maladies de ces populations qui vivent dans la région de l'Himalaya indien.

3. Comprendre une conversation entre locuteurs natifs

Document sonore n° 8 page 18 (activités 30 à 32)

A : Eh ben dis donc, tu en fais, une tête... il y a quelque chose qui va pas ?

B : Je t'en pose, moi, des questions ?

A : Oh là... ! tu me le dis si c'est pas le moment de te parler... hein !

B : Eh bien voila, tu vois, je te le dis ; c'est pas le moment !

A : Très bien... Tu vois, ce qui est bien avec toi, au moins, c'est qu'y a pas de mauvaises surprises : c'est jamais le moment de te parler, on est toujours au calme, pas besoin de faire d'effort, on perd jamais son temps à parler pour ne rien dire... y a rien à dire !

B : Tu me cherches là, tu me cherches, hein ?... je me trompe pas... tu me cherches hein ?

A : Je te cherche pas, je te pose juste une question, je te demande juste gentiment ce que tu as, et tu m'agresses, là, comme ça... de toute façon avec toi il y a pas à chercher : y a rien à trouver.

B : Tu continues... hein ? Je préviens, t'as plutôt intérêt à retirer ce que tu viens de dire, sinon... !

A : Sinon, quoi ? quoi encore ? tu crois m'impressionner peut-être ?

Document sonore n° 9 page 19 (activités 33 à 35)

A : Bon alors moi ce que je propose c'est que dès qu'on arrive c'est qu'on fasse un petit tour de ville, à pied, tranquille, comme ça, ça nous fera du bien après 5 h 40 de train, vous ne trouvez pas ? et après on se pose un peu à la terrasse d'un café avant d'aller à la plage en fin d'après-midi...

B : Oh oui, oui, oui, je trouve ça très bien, moi.

C : Je sais pas, je suis pas très pour, moi.

D : Pourquoi pas, ça mérite réflexion comme dirait l'autre !

B : Je suis d'accord, moi... ça me va tout à fait, et c'est vrai qu'ça fera du bien après tout ce temps passé dans le train, moi je commence à en avoir un peu marre... et puis la plage en fin d'après-midi, c'est quand même mieux qu'à l'heure du déjeuner en plein soleil, pas vrai ?

D : Ça c'est bien vrrrrrai ça, comme dirait l'autre ! Non, mais... sans blague... Et comme la gare est en centre ville et qu'il faut traverser le centre ville pour rejoindre la plage à l'extérieur, je trouve que c'est le bon plan, surtout qu'après, quand on sera installés près de la plage, on n'aura pas envie, à mon avis, de retourner en ville pour faire du tourisme culturel !

C : Peut-être mais ce que vous oubliez c'est que pour le moment on n'a nulle part où dormir ce soir et demain et que tous les campings à proximité de la mer sont complets, les seuls où il y a des places sont à 7 kilomètres de la plage...

B : Ah oui, ça c'est vrai ça...

D : Ah ouais j'avais complètement oublié ce truc-là, moi...

A : Moi j'ai un plan : on fait ce que j'ai dit et le soir quand la nuit tombe, on prend les sacs de couchage et on monte les tentes, on peut très bien se cacher dans la végétation près de la mer ou derrière des rochers... !

C : Ça c'est ce qui s'appelle du camping sauvage ! avec la police des plages qui patrouille la nuit, je voudrais pas commencer mes vacances en passant la nuit au commissariat et payer une amende : ce que je propose, moi, c'est que dès qu'on arrive, on aille d'abord à l'office du tourisme pour trouver un hébergement pour ce soir et demain, et après on verra... on pourra toujours visiter la ville, se prendre un café et aller à la plage, selon le temps qu'il nous restera.

B : Je crois qu'elle a raison...

D : Je suis d'accord avec elle, moi aussi.

A : Ah les femmes et l'aventure... !

Document sonore n° 10 page 20 (activités 36 à 40)

A : Alors, au fait, cette expo c'était chouette ?

B : Ouais, bof, pas génial.

A : Ah bon pourquoi, c'était pas intéressant ?

B : Oui, y avait quelques trucs pas mal, mais je sais pas, j'ai été déçue par le cadre et du coup euh, j'ai pas apprécié comme j'aurais pu.

A : Comment ça « le cadre » ?

B : Ben, déjà tu payes 9 euros à l'entrée, il y a pas de tarif étudiant, ni chômeur ni aucun autre d'ailleurs ! Je comprends pas qu'il y ait des lieux publics encore si peu accessibles au grand public ! Alors, je fais quand même l'effort, je paye 9 euros pensant que ça valait le coup et puis là grosse déception !

A : Comment ça, t'as pas aimé les œuvres présentées ?

B : Si, enfin, j'en sais trop rien...

A : J'ai eu de bons échos de l'expo, presque tous les journaux conseillent d'y aller, il paraît qu'il y a certains tableaux qu'on a jamais vu en Europe !

B : Ouais, c'est vrai j'ai vu de belles choses mais il y avait un monde dingue, des portables qui n'arrêtaient pas de sonner et les gardiens qui faisaient comme si de rien n'était. Je comprends pas : il y a des gens on dirait qu'ils viennent là pour passer le temps, ils ont des discussions à n'en plus finir… ça gâche tout, moi j'ai besoin de calme pour bien apprécier une expo !

A : Sinon la présentation des œuvres était bien fichue ?

B : Oui pas mal, il y avait une thématique par salle : « l'autoportrait métaphorique », « l'autoportrait et la mort »… Et puis pas seulement de la peinture, mais aussi des sculptures, des installations.

A : Ah ça semble être un choix pertinent pour présenter des œuvres d'époques très éloignées.

B : Oui c'est vrai encore que là aussi en parlant d'époques ils se sont plantés sur des cartels : un copain qui a fait des études d'histoire de l'art m'a fait remarquer des erreurs flagrantes dans la datation de certaines œuvres, genre, heu, de Chirico se serait peint à l'âge de 10 ans alors que sur le tableau il en a 40 bien sonnés… et, ce n'est pas la seule coquille !

A : Carrément ! Là c'est abusé, c'est vraiment bizarre tout ce que tu me racontes et je comprends d'autant plus que tu sois énervée par rapport au prix d'entrée !

B : Ouais, j'ai même envie de faire un courrier !

A : Moi à ta place je le ferais il faut faire remonter ce genre d'infos !

Document sonore n° 11 page 22 (activités 41 à 45)

Journaliste : Bonjour et bienvenue à tous nos auditeurs de radio Interjeunes pour un débat consacré aujourd'hui à la discrimination positive dans les Grandes Écoles en France… la question du jour : Faut-il instaurer une discrimination positive à l'entrée des Grandes Écoles pour plus d'égalité et de justice ? Pour débattre aujourd'hui dans notre studio M. Gérard Deloing, inspecteur général de l'Éducation nationale à Versailles, Amélie, élève en première année à l'École des hautes études commerciales autrement dit HEC, Bruno, élève en troisième année à l'Institut d'études politiques de Paris autrement dit Sciences-Po, et enfin Malek, étudiant en deuxième année également à Sciences-Po Paris.

Pour commencer un premier appel de Sophie qui nous appelle de Bordeaux Sophie, nous vous écoutons…

Sophie : Oui je remercie radio Interjeunes de me donner la parole, je suis élève en terminale S… ma question est la suivante… moi j'ai un peu de mal à imaginer qu'une discrimination puisse être positive… pour moi quand on parle de discrimination c'est forcément négatif… alors pouvez-vous m'expliquer ce que vous entendez par discrimination positive par rapport à l'entrée dans les Grandes Écoles ? merci.

Journaliste : Gérard Deloing peut-être ?

Gérard Deloing : Oui, la discrimination positive, ou encore volontarisme républicain comme l'appellent certains de nos politiciens, se présente en fait comme une manière de rendre plus facilement accessible à une certaine catégorie d'etudiants, considérés comme défavorisés au départ, l'entrée dans nos établissements d'enseignement supérieur sélectif.

Journaliste : Cette discrimination positive est-elle actuellement généralisée en France ?

Gérard Deloing : Absolument pas, seul à ma connaissance l'Institut d'études politiques de Paris l'intègre officiellement dans le mode de recrutement de ses étudiants…

Journaliste : Bruno…

Bruno : Si je peux me permettre de rebondir et compléter ce que vient de dire monsieur l'inspecteur… quand on parle de discrimination positive à Sciences-Po, il s'agit en fait de supprimer au départ seulement ; à l'entrée seulement, un mode de sélection qui pénalise certains étudiants et de le remplacer par un autre mode de sélection plus adapté à la situation d'origine de ces étudiants.

Journaliste : Un autre appel de nos auditeurs… Aïsha qui nous appelle de Marseille… bonjour Aïsha…

Aïsha : Oui, bonjour ma question est simple : quels sont les étudiants concernés par la discrimination positive et sur quels critères est-ce qu'on se base pour faire bénéficier de la discrimination positive ? Merci.

Journaliste : Gérard Deloing…

Gérard Deloing : Si vous permettez, je rappellerai d'abord qu'actuellement la pratique de la discrimination positive ne s'inscrit dans aucun cadre officiel de la législation française : c'est une pratique qui relève de la liberté et de l'autonomie académique de l'établissement, enfin des établissements qui choisissent de la mettre en œuvre…

Journaliste : Alors, la discrimination positive… qui y a droit ? Bruno…

Bruno : À Sciences-Po Paris, seuls certains étudiants qui ont suivi leur scolarité dans des lycees classés en zone d'éducation prioritaire et qui ont été présélectionnés sur dossier scolaire peuvent en bénéficier. Les zones d'éducation prioritaire faut-il le rappeler sont des zones où l'environnement social, éducatif, économique est particulièrement défavorisé.

Journaliste : Amélie…

Amélie : Là je crois qu'il faut que j'intervienne : on nous présente… comme ça… la discrimination positive... comme un instrument de progrès et de justice... comme quelque chose de forcément bon pour la société mais vous oubliez complètement de dire que ce qui fonde et la valeur et l'excellence des grances écoles, c'est précisément la sélection des meilleurs étudiants sur des critères purement intellectuels et académiques et sans faire de distinction de catégories sociales... Vous le savez très bien... quand vous défendez la discrimination positive, vous défendez tout simplement un point de vue idéologique soi-disant démocratique pour remettre en cause progressivement et casser le système des Grandes Écoles en France... vous le savez très bien, ne soyez pas hypocrites.

Journaliste : Bruno...

Bruno : Désolé je crois que tu vas un peu loin... L'objectif de la discrimination positive, c'est de rétablir simplement un peu de justice, un peu d'égalité dans le mode de sélection à l'entrée de Grandes Écoles et d'en faire bénéficier une minorité d'étudiants qui autrement n'aurait aucune chance d'intégrer les Grandes Écoles. Quand on fait de la discrimination positive, on ne supprime pas la sélection sur critères intellectuels et académiques, on ne casse pas le système des Grandes Écoles, on propose simplement un autre système de sélection parallèle...

Journaliste : Malek... vous voulez dire... ?

Malek : Oui, juste un témoignage : moi, j'étais issu de ZEP, j'ai eu mon bac S avec une mention « Assez bien », je savais que mon niveau de français à l'écrit n'était pas le même que celui des élèves des grands lycées de Paris ou de Province... mais je tiens à dire qu'avec la discrimination positive je ne suis pas entré à Sciences-Po par charité ou parce que je m'appelais Malek. J'ai été sélectionné sur dossier et puis j'ai accepté ensuite de me soumettre à un entretien public de plus d'une heure devant un jury de six personnes... pour moi aussi ça a été dur... moi, j'ai réussi mon entretien... d'autres candidats ont été éliminés... d'une certaine façon... moi aussi, j'ai été sélectionné... et puis après, une fois dans la Grande École, il n'y a plus de différence... on est tous notés de la même manière par les professeurs...

ÉPREUVES TYPES

Document sonore n° 1 page 24 (activités 46 et 47)

Société : À Paris. L'Empire du Milieu s'étend de plus en plus et les affaires vont plutôt bien. En quatre ans en effet, le nombre d'entreprises chinoises a plus que doublé dans la capitale française.

Objet de toutes les peurs sur les marchés internationaux du fait de leur concurrence, notamment dans le secteur du textile, objet également de critiques de certains riverains, en raison de leur omniprésence dans certains quartiers de la capitale, les entreprises chinoises sont aujourd'hui plus de 3 000 à Paris. Un chiffre qui a progressé de près 60 % entre les années 2000 et 2004.

Dans un rapport spécial qu'il vient de faire paraître, le greffe du Tribunal de commerce de Paris, l'organisme chargé d'enregistrer légalement les sociétés et les entreprises de commerce, dresse le portrait précis de ces entreprises et ces entrepreneurs chinois. L'un des objectifs avoués du rapport : mieux connaître les entreprises chinoises, et surtout, démontrer, chiffres à l'appui, qu'en raison des emplois créés, des investissements effectués, des impôts payés, les entreprises chinoises contribuent de manière non négligeable au développement de l'économie locale.

Qui sont donc les entrepreneurs chinois ? Avec tout d'abord 3 113 dirigeants pour 3 265 entreprises immatriculées, ils arrivent en quatrième position des nationalités les plus représentées après les Algériens, les Turcs et les Tunisiens. Soit 1, 1 % des 302 500 entreprises immatriculées au registre de commerce et des sociétés. Plutôt jeunes, 20 % des entrepreneurs chinois ont entre 25 et 35 ans contre 15 % chez les Français. Très souvent autofinancés ou n'ayant pas eu à contracter d'emprunt bancaire grâce à un système traditionnel de financement familial, le montant total des prêts bancaires pour le démarrage ou le développement des entreprises s'est tout de même élevé à 76 millions d'euros pour l'année 2004. Les entrepreneurs chinois sont aussi des femmes à 48 % contre 25 % pour les Françaises. Si plus de 50 % d'entre eux travaillent dans l'import-export, les secteurs où ils choisissent de développer leurs entreprises sont : le commerce à plus de 40 %, la restauration à 28 %, l'industrie de manufacture notamment textile à près de 16 %. On constate cependant ces dernières années une tendance à la diversification : nombreux sont ceux en effet, qui se lancent dans les secteurs de l'informatique, de l'immobilier et des petits commerces de proximité comme les bureaux de tabac ou les magasins d'alimentation.

Document sonore n° 2 page 25 (activités 48 à 50)

Journaliste : Marie-Laure bonjour, et merci d'avoir accepté de répondre aux questions de la rédaction de « C'est à vous magazine ».

Dites-nous un peu, Marie-Laure… mère de trois enfants en famille monoparentale, assistante de direction dans un département de ressources humaines, présidente d'une association d'entre-aide pour familles monoparentales… ça ne fait pas un peu beaucoup tout ça pour une seule femme… sans compter bien sûr tout le temps passé en semaine dans les transports en commun et tout le reste de la vie quotidienne ? Qu'est-ce qui vous fait courir comme ça Marie-Laure ?

Marie-Laure : C'est vrai que ça peut paraître un peu fou mais d'abord… heu… je n'ai pas le choix, c'est une situation qui s'impose à moi et à laquelle je dois faire face… et puis mon engagement personnel dans l'association correspond à une volonté de faire bouger les choses dans ce domaine. Faut surtout pas oublier que c'est une situation personnelle et sociale que partagent de plus en plus de parents isolés… Ce que je vis n'a rien d'extraordinaire.

Journaliste : Qu'entendez-vous par là ?

Marie-Laure : Eh bien… Il faut savoir en effet qu'en France entre 1990 et 1999 la proportion des familles monoparentales a augmenté de près de 24 % pour représenter désormais près de 17 % des familles. À Paris, ce chiffre se monte à 25 % des familles. Et si cette réalité concerne aussi des hommes parents isolés, dans 85 % des cas il s'agit de femmes qui élèvent seules leur famille avec un ou plusieurs enfants.

Journaliste : Vous-même, vous êtes mère isolée d'une famille nombreuse… c'est quoi le plus difficile ?

Marie-Laure : En effet, j'ai trois enfants de 7, 9 et 11 ans, scolarisés en primaire et au collège… j'ai divorcé il y a 4 ans et c'est moi qui ai eu la garde des enfants. Leur père les voit un week-end sur deux mais pour l'instant il n'est pas en mesure de remplir ses obligations financières, c'est donc moi qui dois subvenir seule aux besoins de la famille… mais vous savez, là aussi je suis pas un cas atypique : 83 % des ressources des femmes isolées avec enfants proviennent des revenus du travail… on est donc obligées de s'accrocher coûte que coûte pour garder son boulot.

Journaliste : Comment est-ce que vous vous organisez pour la garde des enfants ?

Marie-Laure : C'est bien là le gros problème de la semaine… Le matin, j'arrive à les mettre à l'école mais c'est le soir qui pose problème… l'école primaire se termine à 16 h 30, le collège… ça dépend des jours et en général je ne peux pas rentrer à la maison avant 19 heures… En plus, j'ai aucune famille sur place qui peut me donner un coup de main puisqu'ils habitent tous ailleurs un peu partout en France…

Journaliste : Alors… ?

Marie-Laure : Alors je m'arrange parfois avec une baby-sitter, parfois avec des voisines d'immeuble… mais il faut toujours tout prévoir et ça ne marche pas à tous les coups… C'est pourquoi on a eu l'idée une amie et moi d'une association d'entre-aide pour parents isolés. On l'a créée en 2004, elle s'appelle Parents-Solo.

Journaliste : Quel en est le but ?

Marie-Laure : L'idée de départ c'était d'abord de donner tout un ensemble d'informations juridiques et pratiques aux personnes concernées par cette situation, notamment sur les droits et les différentes aides financières publiques possibles… et puis on a très vite évolué vers la création de tout un réseau d'entre-aide, un réseau de solidarité…

Journaliste : C'est-à-dire… ?

Marie-Laure : C'est-à-dire qu'en fait, on se propose de mettre en relation, de faire se rencontrer des parents isolés qui habitent dans un même quartier pour qu'ils puissent discuter de leurs difficultés quotidiennes et voir s'ils peuvent s'organiser en commun pour trouver des solutions pratiques… du genre, euh… aller récupérer des enfants à la sortie de l'école ou d'une activité extra-scolaire… type : cours de musique, activité sportive, ou bien… surveiller, garder des enfants pendant les devoirs, le temps d'aller faire quelques courses ou de revenir du travail…

Journaliste : Et ça marche ?

Marie-Laure : Absolument ! On a même été surpris de voir que d'autres personnes qui ne sont pas parents isolés venaient à nos réunions hebdomadaires, proposaient gratuitement leurs services… souvent ce sont des personnes âgées, dynamiques, qui sont sensibles à la situation de parents isolés parce qu'elles-mêmes connaissent ou ont connu la solitude ou l'isolement…

TRANSCRIPTIONS
IV – Production ORALE

3. Débattre et dialoguer

Documents sonores n° 1 page 146

Activité 186

Enregistrement 1 : Quand vous dites que les grandes villes sont plus ouvertes à l'égard des étrangers vous voulez dire en fait que leurs habitants se montrent plus accueillants et tolérants parce qu'ils sont plus habitués à un environnement international..., n'est-ce pas ?

Enregistrement 2 : Vous avez dit que pour les annonceurs et les agences de publicité, les enfants étaient considérés comme, je vous cite, « un public prescripteur »... pourriez-vous expliquer ce que vous entendez par là ?

Enregistrement 3 : Auriez-vous une idée du pourcentage de la population à la fois en France et dans votre pays, qui bénéficie d'un accès personnel à l'internet ?

Enregistrement 4 : Que voulez-vous dire exactement quand vous affirmez, dans votre deuxième partie, que l'argent est devenu dans nos sociétés de consommation, un fluide, vous dites, aussi indispensable que l'air ou l'eau ?

Enregistrement 5 : Si je vous ai bien suivi, rappeler, comme vous l'avez fait, que les jeunes étudiants préfèrent se consacrer en priorité à leurs études et à leurs loisirs plutôt que de faire de la politique ou du syndicalisme, revient à dénoncer chez eux, selon vous, une forme excessive d'individualisme ainsi que le manque de conscience citoyenne..., c'est bien ça ?

Enregistrement 6 : Vous avez mentionné le fait que des programmes éducatifs sensibilisent de plus en plus tôt les jeunes élèves à la protection de l'environnement et au recyclage des déchets... Est-ce qu'on observe le même phénomène dans votre pays qu'en France ?

Enregistrement 7 : À quoi faites-vous référence exactement en disant qu'il y a parfois des situations où il est préférable de garder une certaine distance avec ses meilleurs collègues ou même avec ses meilleurs amis ?

Enregistrement 8 : Quand on reprend l'orientation de votre argumentation, autrement dit, d'après vous, il est tout à fait inutile d'essayer de lutter contre les causes du réchauffement climatique global, parce qu'on s'oppose à des intérêts économiques majeurs, est-ce que je vous ai bien saisi ?

Activité 187

Enregistrement 1 : Effectivement..., mais on pourrait peut-être alors se poser la question plus générale de savoir si une législation internationale ne devrait pas être instaurée pour interdire les traditions culturelles qui génèrent des violences inutiles contre les animaux... qu'en dites-vous ?

Enregistrement 2 : En suivant votre argument et en le poussant un peu plus loin, on pourrait donc imaginer, qu'un jour, dans les écoles, des classes seront organisées afin d'apprendre aux jeunes élèves à se comporter en bons consommateurs pour devenir de bons citoyens...

Enregistrement 3 : Comme vous semblez le laisser entendre, j'en déduis donc que vous seriez plutôt en faveur de la suppression des journées éducatives consacrées au thème du goût, pour les remplacer par des journées de sensibilisation au problème de la faim dans le monde et aux différents moyens d'y remédier...

Enregistrement 4 : Dites-moi ce que vous en pensez..., mais il me semble que nous touchons là à un problème plus vaste, qu'on pourrait peut-être formuler ainsi : comment tenir compte, chez un individu de toutes les composantes de son identité, à savoir : nationale, familiale, culturelle, éducative, religieuse... ?

Enregistrement 5 : Croyez-vous vraiment que le développement des technologies numériques va entraîner, comme vous le soutenez, une baisse du niveau et de la qualité d'expression écrite chez les gens... autrement dit, que les gens sauront moins bien communiquer à l'écrit parce qu'ils utiliseront les textos, ou le courrier électronique ?

Enregistrement 6 : À votre avis, est-ce qu'on ne peut pas dire ici, que l'on rejoint plus globalement le thème des conflits de générations ou de la difficulté, pour les différentes générations, de communiquer entre elles et de partager des références culturelles communes ?

Page 147

Activité 188

Enregistrement 1 : Ce que j'ai voulu dire en fait par là c'est que se comporter de manière individualiste et, peut-être même, égocentrique permet dans certaines situations sociales ou professionnelles de garder une distance et de se protéger du regard ou du jugement des autres.

Enregistrement 2 : Vous me posez en fait la question de savoir s'il serait envisageable et souhaitable de rendre tous les musées et les monuments publics gratuits pour rendre plus facile l'accès de tous à la culture dite classique ou savante...

Enregistrement 3 : Effectivement, mon intention était bien de mettre l'accent sur le fait que trop souvent les tâches ménagères quotidiennes sont à la charge presque exclusive des femmes, malgré la réduction généralisée du temps de travail.

Enregistrement 4 : Non. Je pense que je me suis mal fait comprendre sur ce point... ce que j'ai voulu dire par un « élitisme positif fondé sur le mérite personnel » c'est le fait que certaines écoles en France forment des gens compétents et performants parce qu'elles donnent la priorité à la valeur individuelle des personnes et que cette valeur ou ce mérite... c'est en fait le résultat d'un travail personnel ou de talents personnels...

Enregistrement 5 : Ce que vous voulez savoir c'est ce que je pense de la façon dont le problème est perçu par les personnes qui travaillent en entreprise privée, c'est bien cela ?

Activité 189

Enregistrement 1 : Est-ce que tout cela n'amène pas à se demander dans quelle mesure on pourrait associer l'activité des entreprises à celle d'organisations de type humanitaire...

Enregistrement 2 : Eh bien oui, tout à fait, on constate dans mon pays d'origine comme dans de nombreux pays méditerranéens exactement ce même phénomène qui se développe en France.

Enregistrement 3 : Est-ce que je peux me permettre de connaître votre point de vue sur la manière dont ce sujet est traité par les médias en France ?

Enregistrement 4 : Votre remarque me semble tout à fait intéressante... en fait, elle me fait penser qu'il est vraiment indispensable de faire la relation entre toutes ces questions d'environnement et le développement industriel et économique à l'échelle globale de la planète...

Documents sonores n° 2 page 147

Activité 190

Enregistrement 1 : Vous vous êtes attaché dans votre présentation à montrer que la gastronomie fait partie des traditions culturelles de la France mais aussi d'autres pays... Vous avez ensuite développé le fait que la gastronomie joue aussi un rôle éducatif puisqu'elle sensibilise au thème du goût et des arts de la table... enfin, vous avez abordé la question de savoir s'il est vraiment juste ou bienvenu de valoriser le thème de la gastronomie alors que la faim constitue un réel problème dans de monde... Est-ce qu'on doit comprendre que vous êtes personnellement opposé aux journées éducatives consacrées au thème du goût ?

Enregistrement 2 : Vous avez dit à ce sujet qu'il faudrait pouvoir organiser un événement complémentaire centré sur la dimension humanitaire de l'alimentation, à quoi faites-vous référence exactement ?

Enregistrement 3 : On pourrait tout à fait imaginer l'organisation de ce type d'événement, d'ailleurs ce genre de manifestation existe-t-il dans votre pays et est-il organisé de manière régulière ?

Enregistrement 4 : Ne pensez-vous pas être un idéaliste quand vous avancez l'idée que de plus en plus d'entreprises et de grands groupes industriels liés au secteur alimentaire ont des projets humanitaires pour développer les valeurs de solidarité et d'humanisme ?

Enregistrement 5 : Vous posez là la question plus globale de l'interdépendance des économies et de la nécessité du développement économique pour tous les pays... mais n'est-ce pas pertinent de se poser cette question dans le cadre de ce débat, qu'en pensez-vous ?

Page 148

Activité 191

Réplique a : Oui, absolument, chaque année une semaine est consacrée à sensibiliser différentes catégories de personnes à ce problème et diverses institutions publiques et privées participent à des actions et des projets.

Réplique b : Je pensais en fait à des journées parallèles consacrées à l'action et aux réalisations d'organisations non gouvernementales dans ce domaine.

Réplique c : C'est à mon avis intéressant en effet d'évoquer ce thème car pour pouvoir parler de gastronomie comme un art et comme un plaisir et pouvoir en parler sans problème de conscience par rapport à la faim dans le monde, il est fondamental que le progrès économique puisse bénéficier à tous sans exception.

Réplique d : Non, ce n'est pas ce que j'ai voulu faire comprendre et d'ailleurs ce que vous avez compris ne correspond pas à ma position : en fait, je considère que ces journées éducatives de sensibilisation sont intéressantes parce qu'elles sensibilisent par exemple les gens à des habitudes alimentaires traditionnelles... En revanche il me semble nécessaire de ne pas oublier qu'il existe des priorités humanitaires plus importantes qui concernent la même préoccupation à savoir : manger.

Réplique e : Je pense au contraire partager un point de vue très réaliste car les entreprises sont de plus en plus confrontées à la nécessité de construire leur image autour de ces valeurs : pour elles, c'est même un enjeu économique avec le développement progressif du commerce équitable.

Page 149

Activité 193

Question 1 : Êtes-vous de ceux et celles qui considèrent que les inégalités hommes femmes dans le monde professionnel sont une fatalité ?

Question 2 : D'une manière plus générale, les diplômes sont-ils suffisants pour apprécier la valeur d'une personne en contexte professionnel ?

Page 150

Activité 194

Question 1 : Pour vous personnellement, est-ce que travailler correspond à un besoin, à une envie, à un plaisir... est-il vraiment possible de considérer le travail comme une source de bien-être ou de bonheur ?

Question 2 : Vous avez mentionné plusieurs fois que trouver un équilibre satisfaisant entre la vie professionnelle et la vie privée est difficile dans nos sociétés... à quoi pensez-vous ?

Question 3 : Le problème de cette recherche d'équilibre se pose-t-il de la même manière dans votre pays ou d'autres pays que vous connaissez ?

Activité 195

Question 1 : Je comprends d'après votre présentation que vous êtes très enthousiaste et optimiste à l'égard des sciences et de la recherche, n'est-ce pas... ?

Question 2 : Quand on entend parler d'expérimentations faites par certaines sectes sur le clonage humain trouvez-vous alors toujours que la recherche scientifique en biologie et en médecine soit la meilleure chose pour l'avenir de l'espèce humaine ?

Question 3 : Certaines découvertes scientifiques ont été détournées, utilisées dans l'histoire à des fins négatives de destruction... Que pouvez-vous dire à ce sujet et quels exemples pourrait-on donner ?

Page 151

Activité 196

Question 1 : Vous affirmez être convaincu que les forums de discussion sur l'internet remplaceront un jour les cafés comme lieux de convivialité, d'échange, de communication et de partage... Mais en restant derrière un écran d'ordinateur chez eux ou dans un cybercafé, est-ce que les gens ne risquent pas de s'enfermer dans l'illusion et précisément de finir par s'ennuyer ou de se sentir frustrés ?

Question 2 : Est-ce qu'on ne pourrait pas dire en définitive, que nos sociétés sont trop marquées par les technologies sophistiquées et compliquées et finissent par oublier le sens commun des choses simples ?

Page 152

Activité 197

Question 1 : Pourriez-vous rappeler différents moyens d'action individuelle et collective susceptibles d'apporter une solution à la question de la pauvreté ?

Question 2 : À votre avis, quel rôle est-ce que les États et les organisations internationales doivent jouer par rapport à ce problème ?

Question 3 : Dans quel type d'organisation ou d'association et pour quels types de projets seriez-vous volontaire pour vous engager ?... Et pourquoi ?

Page 153

Activité 198

Question 1 : Est-ce qu'il serait, selon vous, justifié ou non fondé d'opposer les loisirs urbains aux loisirs en pleine nature ?

Question 2 : On entend dire parfois que nous entrons progressivement dans une civilisation des loisirs... Qu'en pensez-vous et ne trouvez-vous pas que c'est un peu contradictoire quand la question du travail et du chômage préoccupe un grand nombre de personnes... ?

Question 3 : Imaginez que nous sommes dans cette civilisation de loisirs... Comment occuperiez-vous votre temps quotidien et pourquoi ?

CORRIGÉS

I – Compréhension orale

1. Comprendre des annonces, des instructions orales et des documentaires radiodiffusés

Activité 1

Faux: sept cents millions
Faux: un milliard cinq cents millions/10 ou 15 ans
Vrai/Vrai
Faux: 75 et 80 millions
Faux: 77 millions de visiteurs

Activité 2

1. a. faux/b. faux/c. vrai
2. a. faux/b. faux/c. vrai
3. a. faux/b. faux/c. vrai

Activité 3

1. ✖ Le secteur du tourisme en France a eu un problème d'image et de considération
✖ Les professionnels français du tourisme ne font pas assez la publicité du potentiel touristique de la France
✖ Le tourisme en France doit gagner en professionnalisme
✖ Les pays d'Europe du Sud comme l'Italie, l'Espagne ou le Portugal font de la concurrence à la France
✖ Beaucoup de visiteurs voyagent à travers la France mais n'y restent pas ou y séjournent trop peu de temps
2. n° 1: Beaucoup de visiteurs voyagent à travers la France mais n'y restent pas ou y séjournent trop peu de temps
n° 2: Les pays d'Europe du Sud comme l'Italie, l'Espagne ou le Portugal font de la concurrence à la France
n° 3: Les professionnels français du tourisme ne font pas assez la publicité du potentiel touristique de la France
n° 4: Le secteur du tourisme en France a eu un problème d'image et de considération
n° 5: Le tourisme en France doit gagner en professionnalisme

Activité 4

Message B

Activité 5

1. Dans la compétition pour l'attribution des jeux Olympiques d'été de 2012, la candidature de la ville de Paris semble favorite car elle a de nombreux avantages mais la concurrence des autres villes candidates reste très forte.
2. La partie 1 présente une information objective: la Commission d'évaluation du Comité international olympique (CIO) a rendu publique les conclusions finales de son rapport sur les candidatures des cinq villes en compétition pour accueillir et organiser les jeux Olympiques d'été de 2012 : Londres, Madrid, New York, Moscou et Paris. Cette partie fait remarquer que la candidature de la ville de Paris semble favorite.
La partie 2 rappelle que le 6 juillet 2005 est la date où sera rendue à Singapour la décision finale d'attribution des Jeux 2012. Cette partie présente ensuite les réactions des représentants des cinq villes candidates afin d'insister sur l'importance de la concurrence.
La partie 3 met l'accent sur la réaction du représentant de la candidature de la ville de Paris. Cette partie fait ensuite une liste des points forts de la ville de Paris pour montrer que celle-ci semble favorite et peut gagner la compétition.

Activité 6

1. Le 6 juillet 2005 est la date où sera rendue à Singapour la décision finale d'attribution des Jeux 2012.
2. Le chiffre 2, 65 milliards correspond au budget prévu en dollars par la candidature de la ville de Paris pour accueillir et organiser les jeux Olympiques d'été de 2012.

Activité 7

1./c.; **2.**/d.; **3.**/a.; **4.**/b

Activité 8

1. a et b.
2. ✖ Le maire de Paris exprime sa confiance en la victoire.
✖ Le maire de Paris garde un profil bas et reste déterminé.

Activité 9

1. le concept de village olympique au cœur de la ville
2. l'égalité des athlètes olympiques et paralympiques
3. la réflexion sur les conséquences des Jeux en termes de développement durable
4. la qualité des transports
5. le respect de l'environnement
6. le budget prévu (2,65 milliards de dollars) considéré comme « bien documenté et réalisable »

I – COMPRÉHENSION ORALE

Activité 10

1. un billet d'humeur **2.**

La journaliste...	vrai	faux	on ne peut pas le dire
parle en spécialiste de la musique pour piano			✖
présente des informations nouvelles et non connues du public		✖	
fait référence à des informations censées être déjà connues du public	✖		
traite le sujet de manière objective		✖	
traite le sujet de manière subjective	✖		
s'adresse à son auditoire en restant neutre		✖	
cherche à créer une complicité avec son auditoire	✖		
parle en spécialiste de la sculpture de Rodin			✖
adopte un point de vue intimiste et enthousiaste	✖		
adopte un point de vue pragmatique et rationnel		✖	

Activité 11

Ce que présente la journaliste...	informations détaillées	numéro d'ordre chronologique
des hypothèses objectives sur le pianiste	Certains ont dit que tout cela n'était qu'une simple affaire imaginée et organisée par un simulateur, le prince des simulateurs... Un musicien clandestin, sans famille, sans papiers, originaire de l'Europe de l'Est et désirant émigrer à l'Ouest... ou tout simplement un personnage intéressé, cherchant à devenir célèbre et à revendre son histoire pour le cinéma ?	6
un point de vue personnel	Ne croyez-vous pas alors qu'on pourrait lui pardonner parce qu'il aurait inventé une merveilleuse histoire poétique qui a fait le tour du monde et nous a fait rêver tous et toutes quelques instants ? Franchement, qu'en dites-vous chers auditrices et auditeurs... ? Ce n'est pas du rêve tout ça ?	7
une description de l'ambiance	Et puis l'ambiance : la nuit, le silence, rythmé par le bruit des vagues.	3
une description de l'environnement naturel	Ensuite le décor..., une plage déserte, la pluie, cette fine pluie douce d'Angleterre, qui s'installe de manière permanente dans le paysage.	2
une description physique du pianiste	D'abord le personnage : un homme..., plutôt bel homme, la trentaine passée, athlétique mais sans excès, au visage et à la coiffure de guerrier mais avec une expression de douceur d'enfant, habillé en tenue de concert.	1
l'effet produit sur les interlocuteurs du pianiste	la magie prend place : c'est vous maintenant qui gardez le silence, comme un bloc de pierre brute,/fasciné(e), vous écoutez l'artiste virtuose qui joue.	5
le mode de communication du pianiste	Vous lui donnez un piano se sont ses mains de pianiste virtuose qui se mettent à parler pendant des heures, à courir sur le clavier et vous offrent, dans une pluie de notes incessantes, tout le répertoire des Grands Romantiques.	4

Activité 12

1. Pour la journaliste… peu importe de savoir si, dans cette histoire, l'homme en question a simulé et avait un but personnel intéressé, car… l'essentiel est ce que cette affaire a provoqué dans l'esprit des gens.

2. b. surprenante et poétique

a. Le rêve et l'imagination

Activité 13

quitter son auditoire en donnant des signes de complicité

2. Comprendre des conférences, des exposés, des discours (éducationnels, professionnels)

Activité 14

domaines	extrait n° 1	extrait n° 2	extrait n° 3	extrait n° 4	extrait n° 5
culture				✖	✖
sciences	✖				
histoire		✖			
commerce			✖		
linguistique		✖			
entreprise			✖		
médecine	✖				
loisirs				✖	✖
éducation					✖

Activité 15

1. a.

2. une information/persuasive

Activité 16

1. 5 % ; **2.** 30 % ; **3.** 60 % ; **4.** 90 % ; **5.** 10 % ; **6.** 18 % ; **7.** 10 fois/10 fois/250 fois/250 fois

Activité 17

1.

affirmations	préjugés	propos objectifs
Les maisons en bois ne sont pas solides et ont une durée de vie limitée	✖	
Le bois n'est pas résistant au feu	✖	
Le bois est un excellent conducteur thermique		✖
Une structure en bois supporte bien la chaleur en cas d'incendie		✖
Les maisons en bois sont plus dangereuses en cas d'incendie	✖	
Quand le bois brûle, il ne produit pas de fumées toxiques		✖
L'utilisation du bois est à déconseiller pour la sécurité d'une construction	✖	
Le prix d'une maison en bois est plus élevé qu'une maison « en dur »	✖	

2. les sapeurs pompiers/les experts des assurances

I – COMPRÉHENSION ORALE

Activité 18

1. Le seul point faible du bois, c'est qu'il peut être attaqué par des insectes.

2. Un traitement initial approprié. Tous les traitements du bois existants sur le marché ont déjà fait la preuve de leur efficacité depuis des années, à condition d'être effectué par des professionnels.

Activité 19

La construction de maison en bois est associée... à une clientèle financièrement favorisée/au respect de l'environnement/à la préservation de la forêt/à la lutte contre l'effet de serre/à des clients conscients de leur démarche

Activité 20

1. La femme écrivain, d'origine algérienne, Fatima-Zohra Imalayène, plus connue sous son nom d'auteur d'Assia Djebar, a été élue, jeudi 16 juin 2005, à l'Académie française.

2. C'est la première fois qu'une personnalité d'origine maghrébine fait son entrée l'Académie française. C'est aussi la cinquième femme, sur les 708 personnalités de toute l'histoire de l'Académie, qui siégera à l'Académie française après Marguerite Yourcenar (1980), Jacqueline de Romilly (1988), Hélène Carrère d'Encausse (1990) et Florence Delay (2000).

Activité 21

1. Florence Delay : 2000
Marguerite Yourcenar : 1980
Hélène Carrère d'Encausse : 1990
Jacqueline de Romilly : 1988

2. Ces femmes sont toutes membres de l'Académie française et ces dates correspondent à l'élection de ces femmes écrivains à l'Académie française.

Activité 22

1. Fatima-Zohra Imalayène, plus connue sous son nom d'auteur d'Assia Djebar.

2. Pour son élection à l'Académie française.

3.

dates	événements
1936	Naissance d'Assia Djebar
1946	Seule élève musulmane du lycée français de Blida
1955	Elle est devenue la première femme algérienne à être admise à l'École normale supérieure de Paris.
1979	Au cinéma, son long métrage, *La Nouba des femmes du mont Chenoua*, a obtenu le prix de la critique internationale à la biennale de Venise.
1980	Son recueil de nouvelles, *Femmes d'Alger dans leur appartement*, en 1980, a contribué à la faire connaître.
1997	Elle est nommée à la Louisiana State University, au poste de Distinguished Professor et de directrice du Centre d'études françaises et francophones de Louisiane, le centre de recherches francophones le plus important des universités américaines.

Activité 23

L'élection d'Assia Djebar est d'abord interprétée comme un hommage à la francophonie : Assia Djebar, dont l'œuvre littéraire est traduite dans une vingtaine de langues et comporte une dizaine de titres, fait partie de ces auteurs qui ont choisi la langue de Molière comme langue d'expression littéraire. L'Académie semble avoir aussi distingué Assia Djebar pour son action en faveur de la lutte des femmes de son pays.

Activité 24

1. Assia Djebar s'est dit « contente » d'intégrer la prestigieuse institution « pour la reconnaissance, dit-elle, que cela implique pour la littérature francophone de tous les autres pays, y compris évidemment du Maghreb, mais aussi de tous les pays africains ».

2. La nouvelle académicienne a exprimé son espoir que cette élection facilitera « en Algérie, au Maroc et en Tunisie, la traduction en arabe de tous les auteurs francophones ».

Activité 25

a. un programme radio spécialisé

b. sur un thème professionnel relatif au domaine médical

c. tous les mois

Activité 26
a. NomadRSI
b. une organisation indépendante non gouvernementale
c. n'a pas pour fonction de faire des bénéfices commerciaux
d. la recherche et le développement concernant les pratiques locales de médecines traditionnelles

Activité 27
1. La journaliste présente Nomad RSI à partir de son site internet./**2.** a.

Activité 28
(1) c. ; (2) en 1997 ; (3) b. ; (4) b. ; (5) c. ; (6) a. ; (7) b. ; (8) c.

Activité 29
1. a. La médecine moderne de type occidental, encouragée par les autorités locales se développe trop lentement…
b. … d'autre part, la médecine traditionnelle disparaît, quant à elle, progressivement, à cause de bouleversements économiques et sociaux.
2. Les habitants du Ladakh risquent de ne plus pouvoir se soigner.

3. Comprendre une conversation animée entre locuteurs natifs

Activité 30
1 surprise ; 2 agacement ; 3 énervement ; 4 froideur ; 5 frustration et reproche ; 6 irritation et attitude défensive ; 7 justification et provocation ; 8 réaction susceptible et menace ; 9 demande de justification et attitude de défiance

Activité 31
1. tendue/passionnée/conflictuelle/agressive
2. une dispute/une scène de ménage

Activité 32
Résumé A

Activité 33
1. un échange de suggestions et de propositions/une discussion
2.

la relation entre les personnes est…	vrai	faux	on ne peut pas savoir
conviviale	✖		
professionnelle		✖	
conflictuelle		✖	
amicale et formelle		✖	
amicale et informelle	✖		
ancienne			✖

Activité 34
1. a./e. f./h./j.
2. le camping
3. a. Le groupe n'a nulle part où dormir ce soir, demain.
b. Tous les campings à proximité de la mer sont complets.
c. Les seuls campings où il y a des places sont à 7 km de la plage.

Activité 35
Proposition C

Activité 36
1. b.
2. vrai
3. La femme et l'homme : parlent d'un sujet à caractère culturel/échangent des impressions, expriment des appréciations/partagent un même point de vue.

I - COMPRÉHENSION ORALE

Activité 37

1.

la femme qu'on entend est allée...	vrai	faux	On ne sait pas
à un salon professionnel d'art contemporain		✖	
à une conférence en histoire de l'art		✖	
à une exposition d'arts plastiques	✖		
à un vernissage dans une galerie de peinture pour inaugurer une exposition			✖

2. l'« autoportrait métaphorique », l'« autoportrait et la mort »

3. pas seulement de la peinture, mais aussi des sculptures, des installations.

Activité 38

1. L'entrée coûte 9 euros, il n'y a pas de tarif étudiant, ni chômeur ni aucun autre.

2. n'est pas connu

Activité 39

1. – il y avait beaucoup de monde ;

– les téléphones portables n'arrêtaient pas de sonner ;

– les gardiens faisaient comme si de rien n'était.

2. Les autres commentaires suscités par cet événement viennent de la presse/des journaux.

3. b.

4. Presque tous les journaux conseillent d'y aller car il paraît qu'il y a certains tableaux qu'on a jamais vus en Europe.

Activité 40

1. de l'indignation

2. Ce type d'erreurs doit être rapporté aux organisateurs responsables de l'événement.

3. Écrire un courrier pour faire remonter ce type d'erreurs aux organisateurs responsables de l'événement et exprimer son mécontentement.

Activité 41

1. de l'enseignement supérieur sélectif en France

2. Le sujet de la discussion concerne la discrimination positive dans les Grandes Écoles en France ; plus précisément, il s'agit de poser la question de savoir s'il faut instaurer la discrimination positive à l'entrée des Grandes Écoles pour plus d'égalité et de justice.

Activité 42

Provoquer un débat contradictoire sur un sujet polémique

Permettre d'échanger des informations objectives et des points de vue subjectifs

Activité 43

Gérard Deloing donne des informations et des explications objectives.

Amélie exprime un point de vue critique/prend à partie un interlocuteur.

Bruno abonde dans le sens d'un interlocuteur en donnant des précisions/défend sa position en faisant une mise au point.

Malek parle de sa situation, de son expérience personnelle.

Activité 44

1. En France, la discrimination positive se présente comme une manière de rendre plus facilement accessible à une certaine catégorie d'étudiants, considérés comme défavorisés au départ, l'entrée dans les établissements d'enseignement supérieur sélectif.

La pratique de la discrimination positive ne s'inscrit dans aucun cadre officiel de la législation française : c'est une pratique qui, pour le moment, relève de la liberté et de l'autonomie académique des établissements qui choisissent de la mettre en œuvre ou non.

À Sciences-Po Paris seuls certains étudiants qui ont suivi leur scolarité dans des lycées classés en zone d'éducation prioritaire (ZEP) et qui ont été présélectionnés sur dossier scolaire peuvent en bénéficier. Les ZEP sont des zones où l'environnement social, éducatif, économique est particulièrement défavorisé.

2. le volontarisme républicain

3.

point de vue de Bruno	point de vue d'Amélie
Bruno considère que, quand on parle de discrimination positive à Sciences-Po, il s'agit en fait de supprimer au départ, à l'entrée seulement, un mode de sélection, qui pénalise certains étudiants et de le remplacer par un autre mode de sélection plus adapté à la situation d'origine de ces étudiants.	Amélie fait observer qu'on présente… la discrimination positive comme un instrument de progrès et de justice… comme quelque chose de forcément bon pour la société. Mais, selon elle, il ne faut pas oublier de dire que ce qui fonde la valeur et l'excellence des Grandes Écoles, c'est précisément la sélection des meilleurs étudiants sur des critères purement intellectuels et académiques, sans faire de distinction de catégories sociales… Elle considère que lorsque ses opposants défendent la discrimination positive, ils défendent tout simplement un point de vue idéologique soi-disant démocratique pour remettre en cause progressivement et casser le système des Grandes Écoles en France.

Activité 45

1. a. Il a été sélectionné sur dossier.
b. Il a accepté de se soumettre à un entretien public de plus d'une heure devant un jury de six personnes.
2. a. Malek considère qu'il n'est pas entré à Sciences-Po par charité./b. Il dit que pour lui aussi cela a été dur et il fait observer que d'autres candidats ont été éliminés./c. Il considère que lui aussi a été sélectionné.

Activités 46

1. ✖ présenter le profil des entreprises et des dirigeants d'entreprise chinois à Paris
2. a. ✖ par plus de deux; b. ✖ 2000-2004
3. a. ✖ oui; b. ✖ Elles créent des emplois/elles effectuent des investissements/elles paient des impôts.

Activité 47

1. 3113 : nombre des dirigeants d'entreprises chinoises/3265 : nombre d'immatriculations des entreprises chinoises/1, 1 %: pourcentage des entreprises chinoises/20 %: pourcentage des entrepreneurs chinois entre 25 et 35 ans/15 %: pourcentage des entrepreneurs français entre 25 et 35 ans/76 millions d'euros: montant total des prêts bancaires des entreprises chinoises pour l'année 2004/48 % : pourcentage des femmes chinoises entrepreneurs à Paris/25 %: pourcentage des femmes françaises entrepreneurs à Paris
2.

restauration	2
informatique et autres	4
industrie de manufacture	3
commerce	1

Activité 48

1. ✖ des familles avec un seul parent/**2.** ✖ présente un cas représentatif de la situation de parent isolé

Activité 49

1. a. faux: hausse de **24 %** du nombre des familles monoparentales entre 1990 et 1999/b. faux: les familles monoparentales représentent **17 %** des familles en France/c. vrai/d. faux: **85 %** = part des femmes qui sont parent isolé/e. faux: **83 %** = part des revenus du travail dans les ressources financières des femmes parent isolé
2. a. Trois informations concernant sa situation familiale: 1. Elle est elle-même mère parent isolé./2. Elle a trois enfants de 7, 9, 11 ans./3. Ses enfants sont scolarisés en primaire et en collège.
b. Deux informations concernant ses activités, professionnelle et extra-professionnelle: 1. Elle est assistante de direction dans un département de Ressources humaines./2. Elle Présidente d'une association d'aide pour familles monoparentales.
3. a. La garde des enfants le soir./b. L'école primaire se termine à 16 h 30, le collège, ça dépend des jours et en général, elle ne peut pas rentrer à la maison avant 19 h.

Activité 50

1. a. Une association d'entre-aide pour parents isolés
b.

Parents-Solos	
année de création	2004
objectifs	1. donner des informations pratiques et juridiques 2. créer un réseau d'entre-aide, de solidarité pour les parents isolés
exemples de services possibles	1. récupérer les enfants à la sortie de l'école

2. a. De personnes qui ne sont pas parents isolés./Souvent ce sont des personnes âgées./b. Ces personnes sont sensibles à la situation de parents isolés parce qu'elles-mêmes connaissent ou ont connu la solitude ou l'isolement.

CORRIGÉS
II – Compréhension écrite

1. Lire un texte informatif

Activité 51
La paix par les plantes

Activité 52
a. L'attribution du prix Nobel de la paix à Wangari Maathai.
b. Réponse libre des candidat(e)s.

Activité 53
a. combat – lutte – arme – lutter – la lutte est féroce.
b. Cela montre que la démarche militante est un combat, qu'il faut se battre pour faire gagner ses idées.

Activité 54
La misère de la population est une conséquence de la déforestation : « La déforestation qui ravage l'Afrique et la pauvreté qui en résultat. »

Activité 55
À première vue, on ne comprend pas le lien logique qu'il y a entre la plantation d'arbres et la lutte contre la famine, ce rapprochement peut d'abord paraître grotesque, comique et donc faire sourire.

Activité 56
Réponse libre des candidat(e)s.

Activité 57
a. vrai : « Y était adjointe la liste des partenaires ».
b. faux : « Je me suis lancée. »

Activité 58
a., b. et **c.** réponses libres des candidat(e)s.

Activité 59
1/b ; 2/c ; 3/d ; 4/a

Activité 60
a. des consignes ; **b.** aux usagers ; **c.** dans la brochure d'une médiathèque.

Activité 61
a. On peut emprunter des DVD et des cassettes vidéo (VHS) pour les regarder chez soi et on peut aussi en regarder certains sur place.
b. … suivent les recommandations : 3. « si vous avez emprunté une vidéo et que vous n'êtes pas en mesure de la rendre, nous vous demandons de racheter un livre à la place. / 4. « Sur la télévision de l'espace adulte, vous pouvez regarder des filmes documentaires ».
… ne suivent pas les recommandations : 1. « les films documentaires sont classés par sujet »/2. « N'oubliez pas de rembobiner les casettes ».

Activité 62
1. Le texte est un article qui informe d'un fait de société.
2. Les auteurs informent et laissent parfois apparaître leur opinion.
3. vrai : « Faites un rapide sondage autour de vous. »

Activité 63
1. a : « C'était un vendredi. On a terminé à 20 heures. Il y avait encore des cadres devant leur ordinateur. J'ai eu un flash. C'était le même blabla que LVMH sauf qu'il s'agissait de vendre des shampoings. J'ai dit stop. »
b. « 87 % des cadres, ceux qui par principe devraient être les plus impliqués, ne se sentent pas associés aux choix de leur entreprise. »
c. « "une hiérarchie encore traditionaliste qui ne sait pas déléguer. Sans compter l'absence de développement personnel, de formation, d'évolution", explique Douglas Rosane, directeur en France du cabinet américain ISR (International Survey Research), qui établit des comparaisons internationales. »
d. « Le best-seller de la rentrée s'appelle *Bonjour paresse.* »
2. Des témoignages qui rendent l'article plus ancré dans la réalité des citoyens. Des chiffres qui viennent appuyer l'information en lui donnant une objectivité incontestable. Des avis d'experts qui donnent du crédit aux analyses des journalistes. Des références à des ouvrages qui montrent que les intellectuels se sont eux aussi penchés sur la question.

Activité 64
1/f ; 2/e ; 3/a ; 4/b ; 5/g ; 6/c ; 7/d

Activité 65
a. se la couler douce ; **b.** enfoncer le clou ; **c.** faire une croix sur ; **d.** le boulot ; **e.** filer ou se faire la malle ; **f.** ringard ; **g.** la boîte.

Activité 66
Réponse libre des candidat(e)s.

Activité 67
L'art comme à la maison

Activité 68
a. Les personnes qui accueillent les œuvres chez elles le font surtout pour se faire plaisir.
« ils ont eu envie de vivre un temps au milieu d'œuvres qu'ils aiment et admirent ».
b. vrai : « Souvent artistes eux-mêmes ou proches du monde de l'art contemporain ».
c. faux : « Dans son 35 m^2 à Belleville ».
d. faux : « il faut s'entendre avec les artistes pour que les meubles soient peu déplacés et que l'espace reste viable au quotidien ».
e. faux : « l'exposition d'autres œuvres que les siennes "peut nuire à sa propre créativité" et que l'organisation des vernissages, des invitations (par e. mail) et de l'accrochage n'est pas simple ».
f. vrai : « aider les jeunes créateurs à se faire connaître ».

Activité 69
1. a. « Sarah Roshem installe un couple en cire », « les sculptures en savon de Roland Schär ».
b. Ces exemples montrent que les œuvres exposées sont hors du commun.
2. a. « Et vous pensez toujours que l'art contemporain n'est pas convivial ? »
b. Réponse libre des candidat(e)s.

Activité 70
a. engagées
b. Le succès a varié en fonction des titres.
c. vrai : « sa voix est rocailleuse, farouche, hérissée », « la voix éraillée n'a rien perdu de sa vigueur. »
d. faux : « J'ai rencontré en usine deux frères qui jouaient de la guitare. Moi, j'écrivais des poèmes. J'ai chanté quelques trucs sur leurs musiques, et voilà. »
e. Il était ouvrier.
f. Rachid Taha jette sur son travail un regard plutôt exigeant.
g. L'article présente un parcours atypique.

Activité 71
a. Depuis bientôt vingt-cinq ans – en France depuis la fin des années 1960 – C'est au début des années 1980 – À cette époque – En 1982 – Un an plus tard – En 1985 – Finalement, [...] au début des années 1990 – en 1991, puis [...] en 1995 – En 1998 – En 2000 – Il aura fallu attendre quatre ans pour que [...] Cette fois.
b. « C'est toujours le célébrissime producteur anglais Steve Hillage qui est aux commandes, et deux artistes sont invités de marque : Christian Olivier, le chanteur des Têtes Raides, et le légendaire Brian Eno. »/« ses futurs compères [...] deux frères ».
c. « le premier [...] à se servir du rock en le rapprochant des musiques électroniques et des chants traditionnels »/« des mélanges de techno et de cette musique rock-arabo-militante » – « virage "électro" » – « reprises de classiques de la chanson arabe » – « mélanger rock, électro et tradition ».
d. *Tékitoi*, son dernier disque – un maxi 45 tours de 4 titres – son premier véritable disque, *Rhorhomanie* – parution d'un nouvel album baptisé *Deux et demi* – Barbès en 1991 – *Olé Olé* en 1995 – En 1998 paraît *Diwan* – l'album *Made in Medina* – le très rock *Tekitoi.*
e. Succès d'estime – bonnes critiques mais ventes modestes – Carte de Séjour va vendre beaucoup d'albums – La critique est enthousiaste mais le public pas au rendez-vous – Le succès est immédiat – célébré par la critique.

Activité 72
a. faux : « J'ai lu des interviews de Charles Trenet : je n'ai aucune sympathie pour lui... »
b. Réponse libre des candidat(e)s.

2. Lire un texte argumentatif

Activité 73
a. Guillaume Lebourdon est professeur.
b. Dans ce texte, il s'adresse à l'ensemble des lecteurs de *Marianne.*
c. Il parle en son nom : « Jeune dans la profession, **je** refuse... »

Activité 74
a. Il réagit aux critiques exprimées contre le monde enseignant.
b. L'auteur écrit pour se défendre.
c. Il compare « les attaques visant le monde enseignant » à une maladie.
d. faux : « opinions mal éclairées qui n'illustrent que leur profonde méconnaissance ».
e. Le texte se termine par une requête : « Rengainez votre aigreur ! »

Activité 75
Réponse libre des candidat(e)s.

II – COMPRÉHENSION ÉCRITE

Activité 76

Exemple 1

Un cours de soutien avec dix élèves égale une heure d'absolue tranquillité pour le professeur?

Non, mesdames, messieurs:

c'est au contraire dix fois plus de travail car on prépare, à l'avance, une aide adaptée à chacun de ces dix enfants.

Exemple 2

Une correction de contrôle égale une heure de quiétude pendant laquelle on récite sempiternellement les réponses justes?

Évidemment!

Sauf que les difficultés d'une classe ne sont pas nécessairement identiques à celles d'une autre, et qu'à l'intérieur d'une même classe il faut savoir proposer (avec bonheur) des exercices toujours différents en fonction des réponses erronées de pratiquement chaque élève!

Activité 77

a. Les questions reprennent les certitudes de ses opposants.
b. Les deux exemples s'appuient sur un reproche fait aux enseignants: leur paresse. Mots qui illustrent ce reproche: « une heure d'absolue tranquillité », « une heure de quiétude ».
c. faux: « non »; « évidemment ».
d. Première réponse: « C'est absurde, en revanche... », « C'est inexact, par contre... »; seconde réponse: « Naturellement, pourtant... », « Ça ne fait aucun doute, toutefois... »
e. (dé)montrer/égale/dix fois plus

Activité 78

Pas mal.

Activité 79

a. vrai : « Karin Viard formidable », « Jonathan Zaccaï, très juste dans un rôle pas évident »
b. vrai : « lorsqu'une certaine fadeur menace ».
c. vrai : « on songe à Ève, bien sûr »/« Mais, en vérité, *Le Rôle de sa vie*, c'est Ève inversé. »

Activité 80

Réponse libre des candidat(e)s.

Activité 81

a. Dans les boîtes aux lettres ou distribué dans la rue pendant une campagne électorale.
b. Il s'adresse aux citoyens, aux électeurs.
c. Tristan Dulac est candidat à une élection locale: « Conseil général » « département ».
d. écologique.
e. faux: « les inégalités sociales [...] que le gouvernement actuel aggrave. »

Activité 82

a. Le premier texte présente le **programme** politique du **parti** des Verts pour les **élections** cantonales. Il expose les grandes **lignes** de l'action à **mener** au niveau national ou **local**. Dans ce texte, une équipe s'adresse aux **citoyens**.
b. Dans le second texte, le **candidat** se présente. Il donne des **indications** sur sa vie **privée** et parle de son **parcours** militant. Il **dresse** un bilan **négatif** de la politique menée sur le **canton** et fait des **propositions** pour **justifier** sa candidature.

Activité 83

« nous », « Les Verts »/« je ».

Activité 84

Réponses libres des candidat(e)s.

Activité 85

a. 1er paragraphe: il se présente – 2e paragraphe: il présente son projet – 3e paragraphe: il fait acte de candidature.
b. contribuer – participer – valoriser – promouvoir/se battre – lutter – combattre – rompre/donner – offrir – proposer.

Activité 86

a. Les auteurs informent d'une situation et demandent une intervention.
b. faux: ils vivent ensemble, « notre voisin du dessous ».
c. Le ton employé est courtois et ferme.

Activité 87

a. vrai : « Si nous nous décidons à vous écrire aujourd'hui, c'est que le week-end dernier encore nous n'avons pas eu une nuit tranquille ».
b. Ce courrier apparaît comme une démarche réfléchie.
c. « diverses interventions », appel de la police, « coups de balai sur le plancher », la lettre.
d. Ils envisagent de déménager.

Activité 88

a. Les premiers chapitres d'un essai./**b.** Le thème principal est la lecture./**c.** lire – lis – livre – romanciers – pages – lecture – roman.

Activité 89

a. Le goût pour la lecture est, selon l'auteur, une question de génération, d'époque.
b. Dans le premier chapitre, le narrateur est adulte.
c. Le narrateur parle de lui et des autres adultes.
d. Les lecteurs adultes, parents ou autres éducateurs, sont amenés à s'identifier au point de vue de l'auteur.

Activité 90

1. La lecture est pour lui une passion.
2. Réponses libres des candidat(e)s.

Activité 91

a. 1 : « Le verbe *lire* ne supporte pas l'impératif. » – 2. « Le livre est sacré » ; dans ces deux phrases les verbes sont conjugués au présent de l'indicatif.
b. Elles sont toutes deux construites avec un adverbe exclamatif qui marque l'intensité (*comme* et *que*).
c. Réponses libres des candidat(e)s.

Activité 92

a. Ces textes sont extraits d'un guide./**b.** L'auteur donne son point de vue sur des restaurants de la ville.

Activité 93

a. Conseillés : *Le Sans-Pareil*, la *Brasserie du marché* ; déconseillé : *La Famille*.
b. *La Famille* : « Tout ce que l'on redoute se retrouve dans l'assiette et dans quel état ! »
Le Sans-Pareil : « Un endroit incontournable ».
La *Brasserie du marché* : « Un point de vue exceptionnel sur la chaîne des Pyrénées depuis cette superbe brasserie, dont la réputation n'est plus à faire. »

Activité 94

a. Le décor : 😐 « cadre rustique, avec terrasse, fontaine, bassin entouré de plantes exotiques », « son atmosphère est très parisienne avec toutes ses boiseries en velours rouge. »
La cuisine : ☹ « On y trouve tout, surtout du surgelé [...] Tout ce que l'on redoute se retrouve dans l'assiette et dans quel état ! » ; 😐 « La rigueur est constante dans le choix des produits », « véritables hors-d'œuvre », « belles pièces de viande », « du poisson frais » ; ☺ « superbe steak tartare », « les plateaux de fruits de mer sont incontournables »/**Le personnel :** 😐 « L'équipe est toujours efficace », « Omniprésente, Janine oriente, installe chacun à la place qui lui convient », « les serveurs sont très titis parisiens, en classique gilet lie de vin, sympathique et professionnel à la fois »./**b.** « La carte [...] paraît encore dix mille fois trop chargée. »

Activité 95

1. Titre possible : *Toujours une bonne raison pour faire la fête.*/**2.** De nouvelles fêtes tendent à remplacer les pratiques traditionnelles.

Activité 96

1. vrai : « La plupart des gens ignorent ce que la plupart des fêtes valent et pourquoi certaines, plus que d'autres, s'accompagnent d'un jour de repos général si prisé par tous. »/**2.** faux : « Plus rares sont les fêtes qui soutiennent une tristesse collective. »/**3.** faux : « au fil des années, la signification profonde de la fête a évolué. »

Activité 98

Jacqueline Quéniart est **pour** : « Rendre son apprentissage obligatoire très tôt aiderait notre pays à retrouver son influence sur la scène mondiale. »
Claude Hagège est **contre** : « C'est donc le plurilinguisme, l'apprentissage de deux langues étrangères, non d'une seule, qu'il faut promouvoir à l'école primaire. »

Activité 99

1. Claude Hagège présente ouvertement son point de vue personnel : « Je suis hostile à l'enseignement de l'anglais seul. »/**2.** Jacqueline Quéniart pense que l'un des retards de la France vient d'une faible compétence en langue étrangère : « influence [de notre pays] écornée par notre insuffisance en anglais ».

Activité 100

a. « Les résultats des Français sont nettement inférieurs à ceux des élèves des autres pays [...] où l'anglais est obligatoire dès le primaire. »/**b.** « Pour des raisons neurophysiologiques : à partir de 10-11 ans, les synapses, ces zones de contact entre les neurones, se sclérosent. »/**c.** « Il faudrait repenser la façon d'enseigner l'anglais international. »/**d.** « Le plurilinguisme scolaire précoce n'existe nulle part dans le monde. Cette idée devrait être promue par la France. »

CORRIGÉS
III – Production écrite

1. Rédiger un témoignage, une critique, un courrier pesonnalisé

Activité 101

1. et **3.** Extrait d'un courrier des lecteurs paru sur un site Internet.
2. et **5.** Dépêches de l'Agence France Presse (AFP) qui donne une information nouvelle.
4. Présentation d'un livre sur Internet.
6. Extrait du courrier des lecteurs d'un magazine.

Activité 102

1. Textes informatifs : 2, 4 et 5.
Textes argumentatifs : 1, 3 et 6.
2. a : 1, 3 et 6
b : 2, 4 et 5.

Activité 103

1	2	3	4	5	6
b	e	f	a	d	c

Activités 104, 105 et 106

Réponses libres des candidat(e)s.

Activité 107

Texte 1 : Gérald Brussot, après avoir vu une photo de corrida sur un site Internet, écrit un message électronique à la rédaction de ce site pour dire qu'il n'est pas d'accord avec cette pratique et avec la publication de photos qui ont ce sujet. La rédaction répond à son message en justifiant leur choix.
Texte 2 : une dépêche annonce qu'un samedi, à Madrid et dans de nombreuses villes espagnoles, des cyclistes, regroupés en collectif, ont manifesté nus pour réclamer moins de circulation et une ville adaptée aux piétons et aux vélos.
Texte 3 : un internaute participe à un forum sur Internet pour dire ce qu'il pense du piratage de la musique sur Internet. Il parle de ses pratiques et propose des solutions.
Texte 4 : un site Internet soumet à l'avis des internautes la présentation d'un livre en publiant un extrait et une notice biographique de son auteur.
Texte 5 : une étude montre la part croissante de l'implication des pères dans l'éducation des enfants et la volonté d'un tiers d'entre eux de pouvoir vivre la grossesse en portant leur enfant si cela était possible.
Texte 6 : un lecteur ou une lectrice réagit à un reportage qu'elle a entendu sur France Info dans lequel un fils a bonne conscience en présentant les avantages du visiophone qui permettrait d'être en contact visuel avec la grand-mère sans aller la voir.

Activité 108

a : texte 4 ; **b :** texte 5 ; **c :** texte 1 ; **d :** texte 6 ; **e :** texte 3 ; **f :** texte 2.

Activité 109

a. « Je suis papa de cinq enfants. »
b. « Je suis à la fois d'accord et pas d'accord », « **Moi,** je n'ai pas été gêné », « j'avoue que… »
c. « C'est vrai notre société est dure avec les aînés. »

Activités 110 à 114

Réponses libres des candidat(e)s.

Activité 115

désaccord total : « Il n'est pas vrai que le chômage a baissé les dernières années », « Il est clair que la grossesse a été pour moi un moment agréable pourtant je ne comprends pas ce désir des hommes à vouloir porter leur enfant », « J'ai beau essayé de comprendre sa position, je n'adhère à aucun de ses arguments », « C'est inadmissible de tenir encore ce genre de propos à notre époque ! »
accord mais… : « Quand on dit que la qualité de vie est meilleure à la campagne, c'est juste, mais il y a aussi des désavantages à y vivre », « Même si cette manifestation a eu le mérite d'exister, je ne suis pas certain de son efficacité », « Je suis plutôt d'accord avec l'auteur quand il dit que le classement retenu n'est pas parfait, en revanche je ne pense pas que celui qu'il propose soit adapté aux réalités du système scolaire. »

Activité 116

Réponse libre des candidat(e)s.

Activité 117

1	2	3	4	5
d	e	b	a	c

Activités 118 et 119
Réponses libres des candidat(e)s.

Activité 120
1. Dorian écrit à son ami pour lui demander de dire ce qu'il pense d'un fait divers afin de l'aider dans l'écriture d'un article pour un journal étudiant.
2. Leslie donne des nouvelles à son amie Corinne et lui demande de lui conseiller des restaurants dans la ville où elle va aller en mission dans le cadre de son travail.
3. Steph écrit à un(e) ami(e) pour lui proposer d'aller au cinéma. Il (elle) lui propose de lire la critique d'un film mise en pièce jointe au message électronique et de dire si ce film convient ou pas.

Activité 121

a	b	c	d
2	1	4	3

Activité 122
Exemples de réponses possibles:
Salut mon pote, → Salut Dorian,
Tu vois de quoi je veux parler? → Bien sûr que je sais de quoi tu parles!
Tu as forcément lu ou entendu quelque chose à propos de cette histoire intrigante! → Qui a pu échapper à cette info? Tous les médias en ont fait l'écho!
Merci d'avance! → Ne me remercie pas, c'est avec grand plaisir que je vais te donner mon point de vue!
Comment allez-vous depuis votre départ? La reprise n'a pas été trop dure? → J'aime bien cette période de l'année d'habitude, mais là la rentrée n'a pas été facile... surtout après de telles vacances... on a eu du mal à s'y remettre!
[...] un nouveau chef qui pour l'instant a l'air plutôt sympa... à voir! → Alors ce chef!? Tu ne me racontes rien! Je veux plus de détails!
Comme tu as vécu longtemps dans cette ville tu dois connaître de chouettes coins. → Il y a en effet pas mal de petits restos sympas, je vais t'en conseiller plusieurs... et tu feras selon tes envies du moment!
Embrasse tout le monde, vous nous manquez. → Vous aussi vous nous manquez! À très bientôt.
On doit aller au ciné depuis un bout de temps... → C'est vrai que ça fait un moment qu'on repousse cette sortie au ciné!
Tiens-moi au courant et on se fixe un rendez-vous. → Demain à 19 h 30 devant le MK2, ça te va?

Activité 123
Réponse libre des candidat(e)s.

Activité 124
Bonjour mon ami,
Je t'écris enfin après tout ce temps! Tu sais que j'ai eu beaucoup de travail et pas que du travail... Mais bon, ça n'excuse rien, je vais me rattraper! D'ailleurs j'aimerais te rendre visite assez rapidement. Qu'en dis-tu? J'ai hâte de te revoir et de partager avec toi tous mes secrets...
À très vite j'espère!
Je t'embrasse.
Gabriel

Activités 125 à 128
Réponses libres des candidat(e)s.

Activité 129
1. Ici, **truc** peut signifier *aventure*, *expérience*.
Ici **quelque chose** peut signifier un travail, *un dossier*.
Ici **machin** peut signifier *outil* et **bidule** peut signifier *objet*, *livre*...
2. Réponses possibles:
a. Il risque de faire faillite: ça revient à dire que son entreprise ne fait plus de bénéfices depuis longtemps et que c'est un véritable échec.
b. Le dessert était exquis. Je veux dire par là que j'en ai rarement mangé d'aussi bon.
c. Je pense que cette pièce provoque un engouement excessif, autrement dit, vu la pauvreté des dialogues, je ne comprends pas son succès.

Activité 130
1. Dis donc, tu savais toi que...?
2. Il faut que je te dise que...
3. T'as vu...?
4. Je sais pas encore lequel choisir...
5. Revenons à nos moutons.

Activités 131 à 135
Réponses libres des candidat(e)s.

III - PRODUCTION ÉCRITE

2. Écrire un essai, un rapport argumenté ou une lettre formelle

Activité 136

1. Vous allez vous adresser à des personnes que vous ne connaissez pas : situations 1 – 2 – 3 – 5. Vous allez vous adresser à une hiérarchie : situation 4.

2. Situation 1 : « Je me permets de vous écrire pour développer les commentaires… »

Situation 2 : « Étonnée de ne pas avoir reçu de réponse… »

Situation 3 : « Lecteur de vos ouvrages depuis de nombreuses années, je souhaiterais attirer votre attention sur… »

Situation 4 : « Voici la question que je voudrais aborder aujourd'hui… »

Situation 5 : « Ayant l'habitude de fréquenter votre musée, je voulais vous faire part de mes impressions… »

Activités 137 à 141

Réponses libres des candidat(e)s.

Activité 142

Réponses possibles :

2. On fait appel *au sens de l'organisation* du responsable des bagages de la compagnie aérienne.

3. On fait appel *au sérieux* des rédacteurs du guide touristique.

4. On fait appel *au sens des responsabilités* d'un chef d'entreprise.

5. On fait appel *au bon sens* de l'administrateur d'un musée.

Activités 143 à 147

Réponses libres des candidat(e)s.

Activités 148 à 150

Pas de corrigés pour les épreuves types.

CORRIGÉS
IV – Production orale

1. Préparer la présentation d'un point de vue

Activité 151

a. La gastronomie
b. Les animaux de compagnie
c. La pollution/la vie urbaine/l'environnement
d. Les études/l'éducation/l'enseignement supérieur/l'argent
e. Le monde de l'entreprise/le monde du travail/le chômage
f. Les loisirs/la jeunesse/l'argent
g. Les études/l'enseignement supérieur/l'argent
h. Le progrès scientifique/les manipulations et les expérimentations génétiques/le désir d'enfant chez les femmes
i. Les médias et leur influence/le journalisme, l'information, la politique, et l'opinion publique
j. La démocratisation et l'utilisation de l'ordinateur/les étudiants et leur équipement informatique/l'utilisation de l'internet
k. Les relations entre parents et enfants/la famille/les jeunes et leur prise d'indépendance
l. La consommation d'énergie/le respect de l'environnement/les énergies renouvelables
m. La lecture/le cinéma
n. L'égalité et les inégalités hommes-femmes/le monde du travail
o. L'influence des marques sur les adolescents/l'influence de la société de consommation sur les jeunes
p. La vie associative/l'engagement citoyen/les loisirs
q. Les loisirs culturels/l'argent/la gestion des musées et de la culture

Activité 152

a. Les relations personnelles avec les autres/la vie citoyenne
b. Les loisirs/l'utilisation des technologies de l'information/les nouveaux médias de communication/la création musicale/les droits artistiques
c. Les nouveaux médias de communication/la communication, les relations personnelles avec les autres
d. L'homme et les animaux/le sport/les loisirs sportifs/les traditions culturelles
e. Le sport/l'éducation/l'influence des personnalités célèbres sur les jeunes
f. La société de consommation/les loisirs
g. Les relations personnelles avec les autres/le bonheur
h. L'école, l'éducation, les études/les technologies de l'information/les nouveaux médias de la communication
i. L'homme et les animaux
j. L'écologie et l'environnement/l'école, l'éducation, les études
k. La nourriture, la gastronomie/les problèmes internationaux/la vie citoyenne
l. Les médias, la presse, l'information
m. Les relations entre les genres (hommes-femmes)/les inégalités hommes-femmes/l'éducation/le monde professionnel
n. Les relations personnelles avec les autres
o. Le travail, le monde professionnel/le bonheur
p. Les relations quotidiennes avec les administrations publiques et privées
q. La société de consommation/l'influence de la publicité
r. L'argent/le bonheur

Activité 153

1. b./**2.** j./**3.** e./**4.** d. ; g. ; h. ; l./**5.** c./**6.** rien/**7.** j./**8.** rien/**9.** h./**10.** f. g./**11.** k./**12.** rien/**13.** rien/**14.** rien/a. g. i.

Activité 154

a. L'alliance, grâce aux grands chefs, de la gastronomie de luxe avec la restauration rapide conventionnelle
b. Le comportement irresponsable et scandaleux des propriétaires d'animaux domestiques
c. Les villes françaises connaissent une augmentation de la pollution atmosphérique
d. Question des inégalités économiques et sociales et paiement des frais de scolarité dans l'enseignement supérieur en France
e. La concurrence sur le marché de l'emploi entre professionnels juniors et seniors
f. Développement de nouveaux modes de sorties chez les jeunes du fait de la hausse des tarifs
g. Le développement du marché des prêts bancaires étudiants : un autre moyen pour le financement des études
h. Le développement des techniques scientifiques et médicales et les questions d'éthique
i. Critiques de l'engagement des médias dans le débat sur le projet de Constitution européenne

IV – PRODUCTION ORALE

Activité 155

Réponses possibles :

j. Comment peut-on rendre le matériel informatique et l'internet plus accessibles à tous et notamment aux étudiants, alors que l'internet prend une place de plus en plus importante dans la vie quotidienne et professionnelle ?

k. Quelles raisons peuvent-elles expliquer que des enfants adultes ne souhaitent ou ne peuvent pas quitter le foyer de leurs parents pour prendre leur autonomie ?

l. Quels avantages y a-t-il à développer l'utilisation d'énergies renouvelables ?

m. Quelles différences peut-on établir entre une œuvre écrite et son adaptation cinématographique ?

n. De quelle manière peut-on résoudre le problème des inégalités entre hommes et femmes dans le monde professionnel ?

o. Comment peut-on expliquer que la publicité des grandes marques de sport exerce une influence importante sur les adolescents ?

p. Quelles sont les raisons du succès de la vie associative en France ?

q. Quelles doivent être les priorités d'un ministère national de la culture en ce qui concerne les musées publics et la gestion du patrimoine public ?

Activité 156

1. Ce document est constitué d'un titre sous forme de question, d'un dessin schématisé, stylisé d'un homme dont la tête est figurée par un globe terrestre et qui est entouré d'astres (soleil, lune, étoile), d'un texte, d'un logo et d'une dénomination de marque.

2. Les trois objectifs du document : informer sur la notion et l'importance de biodiversité/alerter sur les risques à de pas respecter la biodiversité, le patrimoine naturel/insister sur l'importance de changer les comportements quotidiens.

3. « La biodiversité, c'est la vie ! La protéger, c'est nous préserver »/« Or, en lui portant atteinte, les excès du progrès mettent aussi l'homme en péril »/« Par des actions simples, par de petites attentions quotidiennes, chacun d'entre nous a le pouvoir de réduire son empreinte écologique ».

Activité 157

1. Ce titre indique que les Français, en tant que téléspectateurs, ont montré un très vif intérêt pour les programmes de télévision pendant la saison de l'été.

2. Les chaînes de télévision françaises ont réalisé des audiences record pour cette saison d'été/« Dolmen » (TF1) a séduit en moyenne 12 millions de téléspectateurs, « FBI » (France 2) ou « Kho-Lanta » (TF1) ont eu une audience qui a frôlé les 7 millions

3. Réponses possibles : 1. Les chaînes de télévision doivent-elles nécessairement proposer des programmes de téléréalité, de divertissement, et des séries ou feuilletons pour avoir du succès auprès du public ?/2. Quels sont, selon vous, les critères d'un programme télévisé de qualité ?

Activité 158

1. Un homme français, probablement chargé de recrutement et des ressources humaines dans une entreprise, présente à deux de ses collègues masculins Mlle Legrand. Cet homme leur fait la liste de toutes les qualités de Mlle Legrand qui est diplômée des deux Grandes Écoles françaises les plus prestigieuses ainsi que d'une des universités américaines les plus prestigieuses aussi ; Mlle Legrand possède également une expérience professionnelle de qualité dans une compagnie internationale célèbre du secteur de l'informatique et chez qui elle a obtenu des résultats excellents ; par ailleurs Mlle Legrand est multilingue. Sur la base de ces qualités et de ces compétences exceptionnelles, cet homme envisage de la nommer au poste de... standardiste ! Les deux collègues ne réagissent que par un léger sourire.

2. Cette bande dessinée évoque les phénomènes suivants dans le monde de l'entreprise : les inégalités de traitement entre hommes et femmes dans le monde de l'entreprise, le sexisme, la discrimination.

3. Cette bande dessinée présente de manière caricaturale, excessive et humoristique le fait que les qualifications, les compétences, l'expérience de cette jeune femme au profil professionnel exceptionnel ne sont pas reconnues par ses futurs collègues masculins. Le dessinateur humoriste a pour objectif de souligner que cette tendance existe en France et qu'il faut s'en rappeler afin de corriger ces attitudes discriminantes et sexistes.

Activité 159

1. Il s'agit d'une publicité de l'entreprise Chronopost international qui invite les personnes intéressées à la rejoindre.

2. Ce document se compose d'une photo représentant trois personnes travaillant ou susceptibles de travailler pour l'entreprise Chronopost international, d'un message sous forme de slogan, d'un texte informatif rédigé en lettres très petites, de l'adresse internet de l'entreprise et de son logo.

3. La partie du document la plus importante dans

le choix de communication de l'annonceur Chronopost est la combinaison de la photo et du slogan « On peut avoir besoin de travailler ou envie… »
4. Les intentions du message sont :
– véhiculer l'image de Chronopost international comme d'une entreprise dynamique où il fait bon travailler ;
– présenter les caractéristiques, les avantages, les valeurs de Chronopost international ;
– inciter toute personne intéressée, à venir travailler pour Chronopost international.
5. Thèmes possibles : les différents types de motivations dans le travail ; quelle conciliation/quelle relation entre épanouissement personnel et travail ?

Activité 160

1. La République française par l'intermédiaire de son gouvernement. Les valeurs officielles de la République française sont « Liberté, Égalité, Fraternité » et la mention « Lundi, 16 mai, Journée de Solidarité » fait référence à la valeur de « Solidarité », proche de celle de « Fraternité ».
2. Ce document a pour but d'expliquer au public les objectifs de la Journée de Solidarité, la manière de réaliser ces objectifs et les moyens financiers dégagés et les mesures prises pour atteindre ces objectifs.
3. Les personnes âgées et/ou handicapées
Ces personnes font face chaque jour à des problèmes de mobilité physique, de solitude, d'autonomie, de santé. La société est en manque de nombreuses structures pour les accueillir et les prendre en charge. Souvent les lieux publics ne sont pas équipés pour permettre à ces personnes un accès facile.
4. Le document informe qu'un nouvel organisme, la Caisse nationale de solidarité pour l'Autonomie, est créé afin de :
– permettre aux personnes âgées de vivre le plus longtemps possible chez elles, comme elles le souhaitent ;
– médicaliser les structures d'accueil pour ces personnes ;
– verser des allocations (prestations de compensation de dépendance ou de handicap) ;
– améliorer les moyens d'accès dans les lieux publics, et les moyens d'intégration dans la société.

Activité 161

1. Le thème de la recherche est associé au domaine de l'entreprise.
2. Le sigle « R & D » veut dire : Recherche et Développement

Activité 162

1. Quand on parle de recherche, on peut penser aux domaines des sciences : biologie, chimie, physique, biotechnologie, médecine, informatique, mécanique.
2. La recherche pourrait trouver une amélioration ou une solution aux problèmes suivants :
– les maladies comme le cancer, le sida, les infections virales nouvelles ;
– la faim, la malnutrition ;
– le manque de sources d'énergies classiques.
(Cette liste est indicative et non exhaustive.)

Activité 163

1. Dans un café, on est toujours en relation avec les autres.
2. Un café est un lieu public où les gens ne font pas seulement que consommer pour boire et manger individuellement. Un café est aussi un endroit où les gens sont en interaction avec les autres soit par la parole, soit par le regard, soit tout simplement parce qu'ils partagent un moment de leur vie personnelle par le seul fait de se retrouver ensemble dans ce même lieu : dans un café les gens partagent un moment de proximité et de convivialité même s'ils ne se connaissent pas vraiment.
3. L'objectif de France Boissons est de communiquer avec le public en faisant passer le message que le fait de fréquenter les cafés permet de vivre des expériences particulières et agréables de convivialité, de chaleur humaine.

Activité 164

1. À partir des campagnes de communication faites par France Boissons, il se dégage une image très positive des cafés. Les cafés apparaissent en effet comme des lieux de vie qui font partie du patrimoine commun de la culture populaire et dont la destination est fondée sur les notions de rencontre, d'échange, de partage, de convivialité, d'amitié, de chaleur humaine.
2. Les deux documents se rapportent aux thèmes : des loisirs, des sorties, de la consommation, des relations avec les autres (amitié, convivialité).

Activité 165

1. Le téléphone portable
2. Les entreprises de téléphonie mobile Nokia et SFR
3. Des artistes : photographes, vidéastes, écrivains, étudiants en cinéma
4. Le projet confié à ces personnes est de réaliser un film à partir d'un téléphone portable, en leur laissant le choix de la durée et du thème.

5. L'objectif de cet événement culturel est de montrer « qu'à partir d'un téléphone portable, il est possible de créer un projet artistique, de tourner un film en temps réel et de l'envoyer en quelques secondes à des dizaines de personnes ».

6. Les activités proposées sont: le tournage de films à partir de portables mis à disposition/le montage de ces films avec des professionnels/l'envoi de ces films par l'internet/la participation à des tables rondes et des débats/la projection de films avec des images tournées à partir de téléphones portables.

Activité 166

Le téléphone portable peut-il être considéré comme un instrument de création artistique et peut-il le devenir?
Un film réalisé avec des images tournées à partir d'un téléphone portable peut-il être considéré comme un film?
Le téléphone portable peut-il devenir un moyen de démocratiser et de rendre plus accessible au grand public la création artistique?
Y a-t-il un risque de banaliser et/ou de dévaloriser la création artistique de type cinématographique et vidéo en faisant du téléphone portable un outil de création?

2. Présenter un point de vue construit et argumenter

Activité 167

1. Présenter le document à partir duquel on a travaillé, à savoir, dire de quel type de document il s'agit et donner ses références.
2. Décrire le document en précisant de quoi il est constitué et en montrant comment il est construit.
3. Dégager le sujet qu'il aborde ou poser le problème qu'il soulève.
4. Donner un exemple qui montre l'importance, l'intérêt ou l'actualité du sujet.
5. Proposer, sous la forme d'un plan cohérent, une manière possible de traiter le sujet et d'exprimer un point de vue.

Activité 168

a. Les questions éthiques/morales sont-elles indépendantes du développement de la science et de la médecine ou doivent-elles l'influencer?
b. Le progrès de la science et de la médecine est-il une mauvaise chose pour le bonheur humain?
d. À quelles conditions les progrès de la science et de la médecine peuvent-ils contribuer au bonheur humain?
Propositions de numérotation possible pour votre développement: 1. e/2. a/3. b ou 1. e/2. b/3. a

Activité 169

Sélection des axes d'argumentation
a. Lire un livre original et voir son adaptation cinématographique sont deux types d'activités et deux types de plaisirs qu'on peut apprécier différemment.
b. Un livre original est toujours meilleur que son adaptation au cinéma.
f. Voir l'adaptation d'un livre au cinéma peut donner l'envie de lire le livre original.
g. Avoir lu un livre avant d'aller voir son adaptation au cinéma rend le spectateur beaucoup plus critique à l'égard du film.
Propositions de classement possible pour votre développement:
1. a/**2.** g/**3.** f ou **1.** a/**2.** f/**3.** g ou **1.** b/**2.** f/**3.** g ou **1.** b/**2.** g/**3.** f

Activité 170

Problème posé:
Quelles raisons peuvent-elles expliquer que des enfants adultes ne souhaitent ou ne peuvent pas quitter le foyer de leurs parents pour prendre leur autonomie?
Propositions de développement:
1. Des facteurs économiques et matériels peuvent expliquer ce phénomène.
Exemples possibles:
– la difficulté de trouver du travail;
– les prix très élevés de l'immobilier/la difficulté de trouver un logement;
– le coût de la vie en général.
2. Des facteurs psychologiques liés à la famille et l'éducation peuvent favoriser cette situation:
– la difficulté de s'émanciper de parents possessifs;
– la longueur des études qui repousse l'entrée dans la vie professionnelle active.
3. Certaines traditions culturelles et sociales sont à l'origine de ce comportement et le renforcent:
– selon certaines traditions, les enfants ne quittent le domicile de leurs parents que lorsqu'ils se marient ou décident de fonder un couple;
– selon certaines traditions les enfants ne prennent leur autonomie que lorsqu'ils sont solidement insérés dans la société avec un statut social reconnu.
Chaque candidat(e) pourra donner des exemples tirés de ses propres connaissances, de ses expériences personnelles ou des hypothèses qu'il/elle fera.

Activité 171

Libre choix de réponse laissé au(x) candidat(s).

Activité 172

2. Réponse de Camille à Ming sur format e-mail

Chère Ming,

Merci de ton message, ne t'inquiète pas pour les traductions chinois-français : nous avons tout le temps pour les faire.
En ce qui concerne ton exposé pour demain sur la TV, voilà ce que je te propose :
Tu pourrais organiser le développement de ta présentation selon les 2 parties suivantes.
1. les chaînes de télévision doivent souvent répondre à une logique commerciale :
a. 5. Les chaînes de télévision ont des objectifs commerciaux : elles vivent essentiellement des profits tirés de la publicité. Par conséquent, quand un type de programme « fait » de l'audience en attirant les téléspectateurs, les chaînes ont tendance à garder les mêmes programmes et à les rediffuser. En France, l'été est la saison où les chaînes se contentent de proposer les programmes diffusés pendant l'année de septembre à juin.
b. 1. C'est pourquoi, très souvent, les chaînes de télévision généralistes ne se préoccupent pas de proposer des programmes intéressants ou originaux : ce sont très souvent les mêmes types de programmes qu'on retrouve d'une chaîne à l'autre. Il y a en effet beaucoup de ressemblances entre ces programmes parce que les producteurs et les directeurs de la programmation ont compris que les téléspectateurs se laissaient séduire au début par un certain type de programmes comme les jeux ou la télé-réalité et qu'ensuite ces téléspectateurs gardaient leurs habitudes. La concurrence oblige à copier ou s'inspirer des autres. À la fin cependant, cela ennuie tout le monde.
c. 3. Une des raisons qui expliquent ce fait est que les chaînes de télévision généralistes ne peuvent pas rivaliser avec l'industrie du cinéma qui dispose de moyens financiers beaucoup plus importants. Les chaînes n'ont souvent pas les moyens suffisants pour produire elles-mêmes des séries ou des films télévisés qui ont beaucoup d'originalité et de valeur artistique. D'un point de vue commercial, elles sont souvent obligées de se positionner avec des produits audiovisuels moyen ou bas de gamme : les programmes haut de gamme restent toujours limités et exceptionnels.
d. 4. Pourtant, les téléspectateurs savent toujours reconnaître un bon programme : ils témoignent toujours de leur intérêt et de leur fidélité d'audience quand ils constatent qu'un réel effort de qualité a été fait pour retenir leur attention.
2. Les chaînes de télévision devraient jouer un rôle éducatif et culturel :
a. 7. Les chaînes de télévision peuvent aussi avoir un rôle d'éducation pour inciter les téléspectateurs à s'intéresser à des types de programmes dont ils n'ont pas forcément l'habitude, comme certains programmes culturels ou scientifiques considérés comme trop élitistes et pas assez populaires.
b. 4. En effet, les téléspectateurs savent toujours reconnaître un bon programme : ils témoignent toujours de leur intérêt et de leur fidélité d'audience quand ils constatent qu'un réel effort de qualité a été fait pour retenir leur attention.
c. 2. C'est pour cela que les chaînes de télévision généralistes devraient avoir une fonction d'ouverture sur le monde et sur tous les aspects de la culture et des loisirs et par conséquent elles devraient s'efforcer de proposer une grande diversité de programmes à des heures de grande audience : les thèmes traités devraient être à la fois nationaux, régionaux et internationaux, et pas seulement pendant les programmes traditionnels d'informations (journaux télévisés).
d. 6. Par conséquent, il faudrait qu'une réelle politique soit décidée à la direction des chaînes généralistes publiques et privées pour encourager la création et l'innovation : on pourrait imaginer des partenariats entre les chaînes et des compagnies ou entreprises privées : Ces dernières pourraient parrainer financièrement des projets pour produire des programmes de qualité. Cela apporterait plus de moyens financiers aux chaînes, publiques notamment, renforcerait la publicité et l'image des compagnies ou des entreprises privées. Par ailleurs, l'État pourrait, par l'intermédiaire du ministère de la Culture, subventionner partiellement certains programmes reconnus d'intérêt artistique, culturel et public.
En ce qui concerne l'introduction, voici mes conseils :

IV – PRODUCTION ORALE

Commence tout d'abord par présenter le document à partir duquel tu as travaillé, à savoir, précise bien de quel type de document il s'agit et donne ses références.
Décris ensuite le document en précisant de quoi il est constitué et en montrant comment il est construit.
Prends soin après de dégager le sujet qu'il aborde ou de poser clairement le problème qu'il soulève.
Pense à donner un exemple qui montre l'importance, l'intérêt ou l'actualité du sujet.
Enfin, propose sous la forme d'un plan cohérent, par exemple celui que je suggère, une manière possible de traiter le sujet et d'exprimer ton point de vue.
En ce qui concerne la conclusion, voici mes conseils:
Fais un bilan de ta présentation en rappelant brièvement les grandes lignes de ton argumentation.
Puis, rappelle les aspects du sujet ou du problème que tu penses avoir bien couverts.
Évoquer ensuite éventuellement les aspects du sujet que tu n'as pas pu traiter ou que tu as volontairement écartés.
Il est important de montrer également comment le sujet abordé ou le problème soulevé au début peut être mis en relation avec d'autres sujets ou problèmes complémentaires.
Finalement, interroge-toi et pense à poser de nouvelles questions pour ouvrir le débat.
Voilà c'est tout! bon courage et tiens-moi au courant.

A +
Camille

Activité 173

Ming,

En relisant ta note 4 j'ai pensé que tu pourrais peut-être envisager de développer une troisième partie autour de cette question: « Comment pourrait-on définir un programme de télévision attractif? » Tu pourrais alors considérer des critères qui définissent un programme de télévision de qualité comme:
- un contenu, un sujet original (culturel, artistique, sportif, etc.);
- l'utilisation de sources diverses d'information;
- une manière dynamique, interactive de présenter le sujet;
- un choix de communication avec les téléspectateurs fondé sur le respect du public;
- le plaisir, la détente, le degré de satisfaction que ce programme procure chez les téléspectateurs.

Ce ne sont que des propositions: libre à toi de les retenir ou d'en trouver d'autres!

A +
Camille

Activité 174

1. Expressions utiles pour demander des précisions:

- Tu as dit/écrit... Que veux-tu dire par là? Qu'entends-tu par là?
- Pourrais-tu préciser ce que tu veux dire/ce que tu veux faire comprendre?
- À quoi fais-tu référence exactement quand tu dis...?
- Est-ce que tu veux dire que/considères que/penses que...?

2. Expressions utiles pour faire une proposition:

- Tu pourrais peut-être... + infinitif
- L'idée, en fait, serait de... + infinitif
- On pourrait envisager de... + infinitif
- Il serait peut-être intéressant de... + infinitif/que tu... + subjonctif

Activité 175

Pour contredire le premier point, vous pouvez objecter que :

1. Le monde de l'entreprise est un monde où la vraie valeur des individus se mesure d'après leurs compétences réelles et non pas en fonction des qualités supposées ou attribuées à chaque sexe :

– dans le monde professionnel, les postes sont définis en fonction des compétences dont une entreprise a besoin : ces compétences, notamment techniques et scientifiques, peuvent être détenues indifféremment par un homme ou par une femme ;

– les qualités humaines et psychologiques ne dépendent pas du sexe mais de la personnalité de chacun, en fonction de l'expérience individuelle et du vécu particulier.

Pour contredire le deuxième point, vous pouvez objecter que :

2. Il n'y a aucune logique rationnelle à affirmer qu'une candidate féminine et future collègue de travail présentera plus de risques d'absentéisme qu'un candidat masculin :

– les collègues masculins sont tout aussi susceptibles de tomber malades que les collègues féminines : les femmes ne sont pas moins résistantes aux maladies que les hommes ;

– la fonction biologique de maternité féminine ne constitue pas un handicap naturel et la loi interdit qu'il soit considéré comme un problème ;

– un employeur n'a en aucun cas le droit de pénaliser une femme en invoquant la perspective éventuelle d'une maternité/ou d'une adoption d'enfant.

Pour contredire le troisième point, vous pouvez objecter que :

3. La prise en charge des responsabilités et des tâches familiales n'incombe pas uniquement aux femmes : c'est une affaire qui concerne également les hommes ; cette prise en charge doit être partagée équitablement entre les deux parties :

– l'histoire des sociétés a été longtemps dominée par le système modèle d'organisation patriarcal fondé sur la séparation, la discrimination entre hommes et femmes ;

– l'évolution des sociétés conduit à une égalité, à une parité entre les hommes et les femmes par rapport aux responsabilités familiales ;

– une tâche ménagère peut indifféremment être réalisée par un homme ou par une femme : il n'y a pas de tâches ménagères spécifiquement féminines.

Activité 176

Pas de proposition de réponse : le libre choix est laissé aux candidat(e)s, se référer à certaines propositions de l'activité 175.

Activité 177

Partie 1. **1.** a. Dans certaines sociétés, les personnes âgées vivent séparément de leurs enfants et doivent souvent faire face à la solitude. Les différentes générations ne vivent plus comme à une certaine époque dans l'espace d'une même maison ou d'un même lieu d'habitation.

2. g. Les personnes âgées sont souvent fragiles et dépendantes des autres pour des raisons de santé et ont besoin comme les personnes handicapées d'être aidées concrètement dans les tâches de leur vie quotidienne.

Partie 2. **1.** b. Tous les lieux publics devraient être équipés d'infrastructures pour faciliter l'accès et les déplacements des personnes âgées et/ou handicapées.

2. d. Le système éducatif pourrait organiser des journées pour sensibiliser les jeunes générations à la condition des personnes âgées et/ou handicapées.

3. e. Il faudrait que les entreprises puissent bénéficier de mesures publiques pour les inciter à recruter plus de personnes handicapées.

4. i. Les moyens financiers sont bien sûr importants pour améliorer les conditions de vie des personnes âgées et/ou handicapées mais il faut aussi penser à développer, favoriser les services et les emplois de proximité en leur faveur.

Partie 3. **1.** h. Si les initiatives privées à l'égard des personnes âgées et/ou handicapées sont insuffisantes pour organiser et assurer la solidarité, l'État doit alors intervenir pour défendre l'intérêt de ces personnes.

2. c. La solidarité est une valeur humaine et humaniste qui doit s'exprimer spontanément et naturellement et non pas de manière obligée et contrainte. On ne peut pas forcer les gens à se sentir solidaires des autres : il y a là un problème moral de liberté d'action et d'expression. C'est aussi une question d'éducation et de formation des consciences individuelles.

3. f. Il faut faire confiance aux initiatives individuelles et privées pour organiser la solidarité autour des personnes âgées et/ou handicapées.

IV – PRODUCTION ORALE

Activité 178

exemple n°...	1	2	3	4	5	6	7	8	9
argument...	i	h	g	f	d	e	b	a	c

Activité 179

1. Axe d'argumentation choisi : « La recherche est la condition du progrès »
Arguments :
– l'être humain a toujours cherché à comprendre le monde qui l'entoure, l'environnement et où il vit et évolue : c'est cette attitude intellectuelle, cette activité rationnelle qui est à l'origine de la connaissance scientifique et de toutes les évolutions et transformations dans l'histoire de l'humanité ;
– grâce à la recherche scientifique et technologique de très nombreuses découvertes et de multiples progrès ont pu être réalisés pour améliorer les conditions de vie de l'humanité ;
– sans la recherche scientifique et technologique, beaucoup de problèmes sensibles n'auraient pas trouvé de solution.

2. Domaines où la recherche est nécessaire pour favoriser le développement, le progrès économique, les conditions de vie quotidiennes : la biologie, la médecine, le domaine pharmaceutique, les transports, l'agriculture, le secteur agroalimentaire, les médias de communication (téléphones, courrier électronique, télévision)... (Cette liste est indicative et non exhaustive.)

Activité 180

1. La recherche scientifique et technologique peut conduire à des résultats négatifs pour l'humanité et entraîner des conséquences néfastes :
Certaines avancées de la recherche peuvent représenter des risques ou des dangers.
Certaines découvertes ou certains résultats de la recherche scientifique et technologique peuvent avoir des applications négatives, néfastes :
– pour l'humanité ;
– pour l'environnement ;

2. Trouvez des exemples que vos opposants pourraient utiliser.
– Les recherches dans le domaine de la physique nucléaire ont conduit à l'utilisation militaire de l'énergie atomique à des fins destructrices ; dans ce même domaine, l'utilisation de l'énergie nucléaire à des fins civiles a causé certaines catastrophes majeures.
– Dans le domaine des manipulations génétiques, certaines techniques médicales peuvent être utilisées à des fins idéologiques.
– Le développement industriel a provoqué une surconsommation d'énergie avec des conséquences graves en matière de pollution de l'atmosphère et de l'environnement (le réchauffement global de la planète).
(Cette liste est indicative et non exhaustive.)

3. Développement possible du point fort de l'argumentation
a. Dans certains cas, il faudrait pouvoir contrôler juridiquement et conditionner légalement l'utilisation des résultats de la recherche.
b. Il faudrait pouvoir garantir au public, à la société, une information transparente sur les conséquences et les résultats possibles de certains programmes sensibles de recherche.
c. Il faudrait pouvoir garantir au public, à la société, une application exclusivement humanitaire, non néfaste et pacifique des résultats de certains programmes de recherche.

Activités 181 et 182

Les types de réponses pouvant être très variés, le libre choix de réponse est laissé au(x) candidat(s).

Activité 183

Vous pouvez orienter votre réponse en adoptant un point de vue en faveur ou contre l'idée débattue. Par exemple :
Ces nouvelles capacités techniques des téléphones portables donnent facilement accès à tout le monde à un nouveau mode d'expression.
ou bien
Ces nouvelles capacités techniques des téléphones portables risquent de donner l'illusion au grand public que n'importe qui peut s'improviser artiste et que n'importe quoi peut être considéré comme œuvre d'art.

Activité 184

Le libre choix de réponse est laissé au(x) candidat(s).

Activité 185

Pour conclure la présentation d'un point de vue vous pouvez, par exemple:

1. Faire un bilan de votre présentation en rappelant brièvement les grandes lignes de votre argumentation.

2. Insister sur les aspects du sujet ou du problème que vous pensez avoir bien couverts.

3. Évoquer les aspects du sujet qui n'ont pas pu être traités ou qui ont volontairement été écartés.

4. Montrer comment le sujet abordé ou le problème soulevé au début peut être mis en relation avec d'autres sujets ou problèmes complémentaires.

5. Vous interroger, poser de nouvelles questions pour ouvrir le débat.

3. Débattre et dialoguer.

Activité 186

	l'examinateur...	**enregistrement...**
A	demande au/à la candidat(e) de préciser sa pensée	2 – 4 – 7
B	demande confirmation qu'il a bien compris la pensée du/de la candidat(e)	1 – 5 – 8
C	cherche à compléter les informations données par le/la candidat(e) objectives auprès du/de la candidate	3 – 6

Activité 187

	l'examinateur cherche à...	**enregistrement...**
A	tester la capacité du/de la candidat(e) à réagir et à défendre son point de vue	2 – 3 – 5 – 6
B	solliciter le/la candidat(e) pour entretenir et/ou élargir le débat	1 – 4

Activité 188

	Le / la candidate...	**enregistrement...**
A	reformule la question posée pour s'assurer qu'il a bien compris ce qu'on lui demande	2 – 5
B	répond pour préciser sa pensée	1
C	apporte une confirmation et reformule une idée précédemment exprimée	3
D	apporte une rectification et reformule sa pensée	4

IV – PRODUCTION ORALE

Activité 189

	Le / la candidate...	enregistrement...
A	répond afin de donner des informations objectives	2
B	tient compte des sollicitations de l'examinateur pour développer le débat	4
C	pose une question pour solliciter l'examinateur et entretenir l'échange	1 – 3

Activité 190

Enregistrement 1 : L'examinateur rappelle les grands axes de développement du candidat et demande confirmation qu'il a bien compris la pensée du candidat.
Enregistrement 2 : L'examinatrice reprend une idée exprimée par le candidat et demande au candidat de préciser sa pensée.
Enregistrement 3 : L'examinateur cherche à obtenir du candidat des informations objectives.
Enregistrement 4 : L'examinatrice sollicite le candidat et cherche à tester sa capacité à réagir, se justifier et défendre son point de vue.
Enregistrement 5 : L'examinateur s'appuie sur une remarque faite par le candidat, demande confirmation qu'il a bien compris la pensée du candidat et cherche à obtenir le point de vue personnel du candidat.

Activité 191

1. d./**2.** b./**3.** a./**4.** e./**5.** c.

Activité 192

Réplique a : La candidate répond afin de donner des informations objectives.
Réplique b : Le candidat répond pour préciser sa pensée.
Réplique c : La candidate réagit à une question de l'examinatrice pour défendre la pertinence de son idée, la cohérence de sa position et pour ouvrir le débat.
Réplique d : Le candidat apporte une rectification, reformule et précise sa pensée pour que l'examinatrice comprenne bien ce qu'il a voulu dire.
Réplique e : La candidate tient compte d'une sollicitation de l'examinatrice pour défendre sa position, préciser sa pensée et développer le débat.

Activités 193 à 198

Réponse libre des candidat(e)s.

Activités 199 et 200

Pas de corrigés pour les épreuves types.

N° d'éditeur : 10148584 - Dépôt légal : Décembre 2007
Imprimé en France par Hérissey - Évreux (Eure) - N° 106910